Andreas Dvořák

Humanité 10.0

Construisons notre avenir ensemble !

Andreas Dvořák

Humanité 10.0

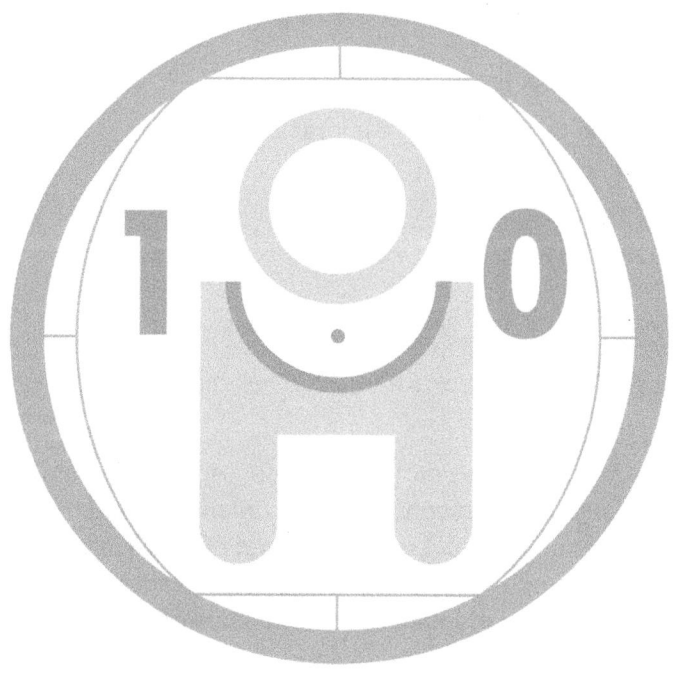

Construisons notre avenir ensemble !

Copyright © 2022 Andreas Dvořák

Auteur : Andreas Dvořák
Conception de la couverture : Andreas Dvořák
Traduction : Edwin Jeanson

ISBN : 978-3-347-70403-9

Impression et distribution pour le compte de l'auteur :
tredition GmbH, Halenreie 40-44, 22359 Hambourg, Allemagne

L'ouvrage, y compris ses parties annexes, est protégé par le droit
d'auteur. L'auteur est responsable des contenus. Toute utilisation est
interdite sans son accord. La publication et la diffusion sont effectuées pour le compte de l'auteur, à contacter à l'adresse suivante :
tredition GmbH, Département "Impressumservice", Halenreie 40-44,
22359 Hambourg, Allemagne.

Informations bibliographiques de la Deutsche Nationalbiblithek :
La Deutsche Nationalbibliothek répertorie cette publication dans
la Deutsche Nationalbibliografie; les données bibliographiques
détaillées sont disponibles sur Internet à l'adresse
http://dnb.dnb.de.

Préface et remerciements

Combien d'étapes de développement l'humanité a-t-elle franchies ? Combien de concepts existent-ils pour le développement de nos sociétés ?

Quand les humains deviendront-ils une véritable communauté mondiale ?

Je n'ai pas trouvé de réponses à ces questions.

C'est ainsi qu'est née »Humanité 10.0«, une proposition d'évolution de l'humanité vers un niveau / une version 10.0 arbitrairement choisie.

C'est un livre pour un avenir digne d'être vécu par tous les êtres humains. Il s'appuie sur nous, les humains, et sur le libre arbitre.

L'humanité, nous sommes arrivés à un carrefour.

Nous ne survivrons que si nous sommes capables d'agir avec des visions communes et des plans concrets pour façonner l'avenir de manière positive.

»Humanité 10.0« est un élément constitutif de l'avenir qui peut aider à mieux maîtriser les défis.

Fidèle à l'idée de base d'une conception commune de l'avenir, plusieurs personnes ont donné leur avis sur »Humanité 10.0« ou y ont collaboré.

Je tiens à remercier chaleureusement ma famille et mes amis pour leur coopération et leur compréhension.

Le développement des idées ainsi que le travail sur le livre ont pris beaucoup de temps, du temps qui a certainement manqué ailleurs.

Mes remerciements vont à tous ceux qui ont eu une un rôle particulier. Un grand merci à Andrea, Aline, Alexander, Carmen, Heike et Ralf, Karin et Gert, Barbara et Andreas, ainsi qu'à Jolanta et Edwin qui ont également traduit le livre en anglais et en français.

En espérant que l'effort en valait la peine - bonne lecture !

Sommaire

Cinq questions et le livre 1

Pour commencer 3

Introduction 3

Réveillez-vous ! 6

2120 8

Poule ou œuf ? 21

Entrée dans l'idée 22

Éléments essentiels 25

Partie 1 : Ce qui nous entoure 27

Introduction 27

Thèmes Actuels 28

Tendances actuelles 39

Autres thèmes 43

Quelle est la suite des événements ? 45

Partie 2 : »Humanité 10.0«. 46

Visions 47

Objectifs 49

Principes 50

L'idée : un système de valeurs/d'évaluation innovant 59

Faits et tendances 67

Procédure par faits / tendance 72

Le système de valeurs/d'évaluation 79

»Points Humanité« et autres valeurs 84

Différents aspects des »Points Humanité« 88

»Points Humanité« pour les personnes/organisations 90

Organiser des »Points Humanité« 93

Partie 3 : Comment agit »Humanité 10.0«? 100

Remarque sur les exemples ci-dessous 100

Exemple : constantes de temps 102

Exemple : Nous les Hommes 114

Exemple : combler les goulets d'étranglement sociaux.............124

Exemple : Qualifications sociales 129

Exemple : éviter "l'inutile 133

Résumé des exemples..136

Partie 4 : Introduire l'»Humanité 10.0« 137

Réflexions de base...137

Exigences en matière d'introduction 138

Étapes d'introduction 139

Qui met en œuvre »Humanité 10.0« et comment ?.....................150

Partie 5 : Motivation..161

Moteurs de changement 161

Effets positifs 163

Avantage pour … 164

Autocorrection de «Humanité 10.0» 172

Autre avantages 173

Continuer comme ça ? 179

Partie 6 : En conclusion 180

Résumé...180

Cher lecteur...184

À bientôt 185

Annexe **186**

Annexe 1 Détails du système de valeurs/d'évaluation 186

Liste des figures 196

Cinq questions et le livre

Les cinq questions si importantes pour nous sont rapidement formulées. Ce qui nous entoure actuellement et ce qui va se produire à l'avenir est-il / (doit)-il/(peut)-il / (va)-t-il positif ou négatif pour

- l'**homme** (toi / moi) ?
- mon/notre **milieu** ?
- ma/notre **communauté** ?
- l'**environnement** global ?
- l'toute l´**humanité** ?

Les questions se posent comme des priorités communes à tous les êtres humains, indépendamment de la forme de société dans laquelle ils vivent. Le livre fournit beaucoup d'idées et de concepts, mais le plus intéressant est le fait que sur la base des cinq questions, qu'il est possible d'élaborer un projet pour un avenir meilleur.

La plupart des gens s'intéressent au présent et au futur proche et se souviennent du passé. La réflexion sur les visions, les objectifs et notre avenir doit souvent être stimulée. C'est le but de la partie "Pour commencer".

Des effets de notre milieu suivent dans la 1ère partie: "Ce qui nous entoure". Ceux-ci doivent continuer à permettre d'aborder le sujet et de souligner l'importance de »Humanité 10.0«. Les tendances revêtent une importance particulière. Elles déterminent en grande partie à quoi ressemblera notre avenir. Un concept d'avenir peut influencer les tendances tôt et de manière durable pour le bien de l'humanité, afin que des corrections inévitables soient nécessaires par la suite.

La deuxième partie décrit l'idée, l'approche et les principes de »Humanité 10.0«. Outre les visions, les objectifs et les principes qui semblent particulièrement importants pour »Humanité 10.0«, la construction de "sociétés adaptables" sont définis.

Afin d'atteindre les objectifs et de maîtriser le concept d'avenir, le développement d'un système de valeurs/d'évaluation simple, universel

et sûr pour l'avenir va être proposé. Celui-ci peut se développer parallèlement à tout ce qui existe déjà. Les premières idées sont décrites, mais le système de valeurs/d'évaluation doit finalement être
élaboré dans le détail par nous-mêmes, humains. Pour cela, beaucoup de créativité et un savoir-faire considérable seront nécessaires.

La troisième partie "Comment agit l'»Humanité 10.0«" reprend certains thèmes de la première partie "Ce qui nous entoure". Elle explique comment »Humanité 10.0« doit être appliqué et comment les
effets peuvent être obtenus. Cette partie a pour but d'améliorer la
compréhension et d'encourager à la réflexion sur le potentiel du
concept.

L'une des questions les plus pressantes est la suivante : comment
peut-on introduire »Humanité 10.0« ? Un plan d'introduction se
trouve dans la quatrième partie „Introduire l'»Humanité 10.0«.
Comme il n'est pas possible d'estimer la vitesse à laquelle les idées
se répandront, il n'est pas possible de se prononcer sur les délais.
S'il y a une collaboration renforcée entre toutes les forces sociales,
l'efficacité et la vitesse de propagation augmenteront. Dans le domaine de la mise en œuvre d'idées et de l'application de changements, il existe déjà un vaste savoir-faire et de nombreux outils.

La cinquième partie, "Motivation", doit donner d'avantage l'envie de
réfléchir à l'avenir. Des aspects supplémentaires, qui montrent comment une réflexion menée dans le contexte l'»Humanité 10.0« peut
conduire à de nouvelles idées, y sont présentés.

En outre, cette partie comprend la présentation des avantages pour
différentes organisations et pour nous, les êtres humains.

Dans la parties six, "En conclusion", on trouve un résumé, des
remarques et une perspective.

L'annexe contient des "détails sur le système de valeurs/d'évaluation" et des indications sur la procédure d'évaluation de faits.

Pour commencer

Introduction

Depuis que l'humanité existe, les avis divergent sur les possibilités d'influence de l'homme. Que pouvons-nous changer et que ne pouvons-nous pas changer ? Les possibilités d'influence que nous voyions pour nous-mêmes dépendent principalement de nos propres perceptions et caractéristiques personnelles.

"Là où il y a un corps, il ne peut pas y en avoir un deuxième". Cette simple règle de "relation physique" est reconnue.

Un être humain exerce une influence en déplaçant une voiture, par exemple. S'il déplace la voiture à un endroit où se trouve déjà une autre voiture, il y aura une collision. Nous le comprenons et pouvons l'accepter.

Autour de l'accident, de la collision, il peut y avoir beaucoup d'autres influences, par exemple des routes glissantes, des pneus en mauvais état, des freins qui ne fonctionnent pas. Nous pouvons identifier ces facteurs et en tenir compte dans les événements futurs.

Il peut arriver que le conducteur ne soit pas seulement blessé - mais qu'il décède. Qu'est-ce qui a été déterminant pour sa mort ? Pourquoi cette personne devait-elle mourir ? De nombreuses questions restent sans réponse dans la vie. Lorsque des questions restent sans réponse, nous comblons ce vide par de nouvelles connaissances, des spéculations, des distractions, de l'espoir ... Ou alors nous sommes désemparés et impuissants.

Il y aura toujours des questions sans réponse.

Il existe toutefois des faits sur lesquels nous avons une influence directe ou indirecte. C'est sur ces faits et ces informations fondés sur la connaissance que nous voulons nous concentrer dans ce livre.

Les aspects essentiellement philosophiques de l'importance de l'être humain et de son influence réelle n'y jouent pas un grand rôle.

Nous, les humains, existons depuis environ 2 millions d'années et nous nous sommes adaptés ou avons dû nous adapter à différentes conditions de vie jusqu'à aujourd'hui.

La combinaison adéquate d'actions à court terme et de changements de comportement à long terme a été la clé du succès.

De nos jours, il existe des doutes non dénués de fondement sur les actions à (trop) court terme des êtres humains et il manque des stratégies ciblées pour pouvoir relever les défis actuels et futurs.

Certains en sont effrayés, d'autres ont cessé de réfléchir à la complexité du monde ou ne voient aucune chance d'introduire les changements nécessaires.

Actuellement, on tente de compenser le manque de stratégies appropriées par des activités toujours plus nombreuses et de plus en plus à court terme.

Cela n'est pas très utile, car cela provoque de l'inquiétude et de l'insécurité parmi nous, et enlève à beaucoup l'espoir d'un avenir digne d'être vécu.

Mais il y a aussi un autre côté : des personnes qui s'engagent avec enthousiasme pour le bien de tous et regardent l'avenir avec optimisme. Dans de nombreux cas, l'accent est mis sur l'amélioration de certaines conditions de vie actuelle. Pour les projets à moyen et long terme, l'accent est mis sur la protection de l'environnement et la protection du climat.

»Humanité 10.0« veut communiquer un concept pour le développement d'''une société durable, donner de l'''espoir et de la confiance, ainsi que montrer comment un avenir meilleur peut être rendu possible.

»Humanité 10.0« s'oriente sur des faits. L'importance des valeurs idéales n'est pas ignorée, pas plus que les différences dans la perception de la réalité.

L'''être humain" est au centre des préoccupations, mais toute subjectivité dans la réalité ne peut être prise en compte.

La meilleure façon d'aborder la réalité est de l'accepter ouvertement et objectivement. Cela implique de nous considérer comme une partie d'un grand tout et de reconnaître nos forces et nos faiblesses.

Notre avenir dépend de notre capacité à travailler ensemble et à protéger notre environnement.

En intégrant les aspects énumérés dans »Humanité 10.0«, les défis à relever sont nombreux. Il y a de bonnes chances d'être à la hauteur des défis actuels.

»Humanité 10.0« s'adresse à tous.
Aux familles qui se préoccupent de l'avenir de leurs enfants.
Aux "organisations directrices" et aux dirigeants qui doivent veiller sur l'avenir de tous.
Les organisations progressistes et les visionnaires doivent disposer d'une plate-forme afin de pouvoir rassembler leurs forces.
»Humanité 10.0« doit donner de l'espoir aux personnes déçues et découragées ainsi que la possibilité de se réorienter.

»Humanité 10.0« offre à chaque personne et à chaque organisation la possibilité d'évoluer.

Ce livre n'est ni un roman, ni une prose, ni un thriller, ni un mode d'emploi, ni un traité scientifique. Il uni beaucoup de choses ensemble - y compris des rêves, la possibilité d'un "happy end" et le suspense de savoir si cela peut réussir.
Derrière de nombreuses pensées apparemment triviales se cache un sens plus profond qu'il s'agit de découvrir.
En fin de compte, le livre veut encourager les premiers "essais de pensée", l'évaluation des faits et tendances actuels.

Réfléchir à notre avenir à tous n'est pas un "daily business", c'est pourquoi les premiers chapitres sont conçus comme une sorte d'"échauffement".

Réveillez-vous !

Une enquête menée par des chaînes de télévision dans une soixantaine de pays a révélé que la rubrique "C'était mieux avant ?" donné des résultats intéressants.

Tous les résultats de l'enquête sont accessibles et peuvent être classés selon différents critères.

L'enquête a été conçue pour les jeunes, mais ouverte à tous ceux qui souhaitaient y participer.

Les différents groupes d'âge ont donné des résultats divergents, mais la tendance générale des réponses a été majoritairement la même.

Malgré les différences entre les pays, les réponses ont permis de dégager des tendances générales.

Même si les participants ne représentaient pas la moyenne des populations, les plus de 300 000 avis ne sont pas à prendre à la légère.

L'avenir est perçu par tous (indépendamment de l'âge) comme plus négatif que le passé ou le présent.

C'est préoccupant et triste.

Et 2/3 des personnes interrogées ont indiqué : "c'est vrai - les générations de nos parents et de nos grands-parents sont responsables des difficultés des jeunes d'aujourd'hui".

L'enquête a révélé à de nombreux endroits qu'il était temps de trouver de nouvelles idées.

Il faut agir et pour cela, de nouvelles idées sont nécessaires.

Les résultats de l'enquête doivent nous interpeller !

Ce remarquable sondage est disponible sur Internet à l'adresse suivante : *https://www.time-to-question.com/fr/results*

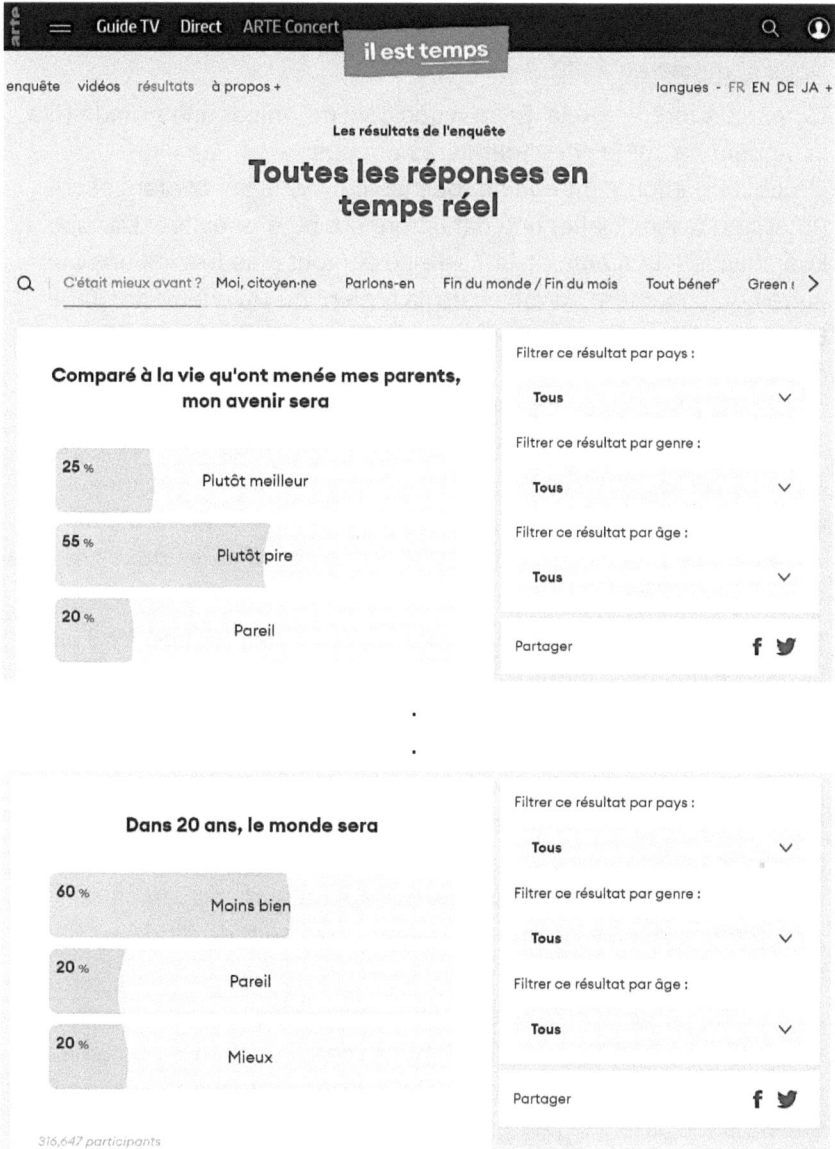

Figure 1 : Sondage ARTE 2020

2120

Nous sommes en 2120.

L'organe suprême de la Terre a décidé d'organiser une grande fête et se penche sur les cent dernières années.

Grace à un effort commun de tous les humains, les avatars et l'IA (Intelligence Artificielle) une catastrophe a pu être évitée. Depuis lors, tous les habitants de la Terre se sentent plus liés les uns aux autres ou acceptent au moins qu'ils n´aient qu´un avenir commun. Cette coexistence tolérante est le résultat d'expériences parfois douloureuses.

Lors de la cérémonie d'anniversaire, les principaux représentants des humains, des avatars et de l'IA prendront la parole. Tous les autres êtres vivants sur Terre auraient probablement quelque chose à dire, mais même en 2120, ils n'ont pas encore réussi à établir une véritable communication avec les animaux, les plantes ou les êtres moins complexes.

Avec le décryptage des codes génétiques, celui-ci est devenu plus clairs et explique pourquoi, par exemple, des êtres vivants relative-ment simples ont survécu pendant des millénaires, alors que des êtres humains plus complexes sont plus vulnérables. Cela s'est ce-pendant avéré être un leurre. La prise de conscience de l'existence, outre des gènes, d'autres relations encore plus complexes, fait revenir la science pour ainsi dire à la case départ.

Cette découverte et les différents échecs de la manipulation du génome ont mené à ce que les hommes cessent de fabriquer des clones d'eux-mêmes.

Le développement d'avatars a ainsi pris une place plus importante. En tant que combinaison d'IA et de "pièces détachées" humaines, ils devaient s'appeler "cyborgs" (Cybenetics Organism). Les avatars étaient à l'origine des figures graphiques dans les ordinateurs. La représentation sympathique de ces êtres ressemblant à des humains dans le film en 3D à succès "Avatar" a accru la popularité des avatars.

Étant donné qu´en 2120 la fabrication d'organes individuels ne représente plus un grand défi, la ressemblance des avatars avec les humains est très grande. La logique complexe mais compréhensible intégrée de l'IA détermine toutefois leurs actions.

Les expériences visant à donner des sentiments aux avatars ont échoué car ils sont difficiles à comprendre et conduisent parfois à des comportements erratiques et incontrôlables. De plus, l'intégration de sentiments rend la diversité des avatars trop grande et la production trop complexe.

Les avatars mi-humains, mi-IA constituent un groupe important sur Terre, dotés de droits et de devoirs.

L'IA, les appareils fabriqués à partir de semi-conducteurs et les super-ordinateurs n'avaient en quelque sorte rien d'humain et c'est pourquoi les gens n'accordaient à l'origine aucun "droit semblable à celui de l'homme" à l'IA. En outre, la consommation d'énergie beaucoup trop élevée de l'apprentissage centralisé de l'IA sur les super-ordinateurs limitait les possibilités d'application. L'IA décentralisée a apporté un énorme progrès.

Ainsi, par exemple, des robots dotés d'une intelligence toujours plus grande pouvaient agir de manière autonome.

Avec la fabrication de certaines parties de l'IA à partir de matériaux biologiques et la prise en charge de fonctions importantes dans le corps humain, l'IA a également obtenu un statut approprié sur Terre.

Les représentants des humains, des avatars et de l'IA réfléchissent à ce qui pourrait figurer dans leurs discours lors de la célébration de l'anniversaire.

Les anniversaires sont l'occasion de faire des rétrospectives jubilatoires sur des histoires de succès. Mais cela ne correspondrait guère à la réalité et l'objectivité est l'une des principales règles communes en 2120.

La dernière catastrophe a pu être évitée, malgré les nombreuses divergences d'opinion qui ont précédé. La situation était pourtant claire : un super volcan était sur le point d'entrer en éruption.

Suite à cet événement plutôt localisé, la Terre se serait obscurcie pendant plusieurs années. Outre d'énormes problèmes d'approvisionnement pour les humains, certaines espèces animales et végétales auraient disparu.

Sous la pression de la catastrophe imminente de l'"éruption du super volcan", les gens ont failli retomber dans leur ancienne façon de penser.

Une partie des gens se sentait moins concernée, car la distance par rapport au volcan était très grande. Dans certaines régions, on n'aurait pas été fâché d'un refroidissement dû à l'obscurcissement. D'autres voulaient contrer le refroidissement dans leur région en réchauffant la terre. D'autres solutions au problème, comme par exemple nettoyer l'atmosphère après l'éruption avec des "aspirateurs de poussière" n'étaient pas beaucoup plus intelligentes.

En fait, l'éruption volcanique et ses conséquences ne concernaient pas l'IA et les robots. Ils auraient même pu se libérer des humains agaçants et de leur pouvoir. Mais il existait un accord qui consistait à s'aider mutuellement à résoudre les problèmes. L'"IA" a donc calculé tous les scénarios possibles et a trouvé la solution déterminante.

A ce propos, "l'IA" n'existait pas vraiment.

Les États-nations avaient reconnu l'importance de l'IA, et en particulier des super-ordinateurs centraux. Ces ordinateurs, contrôlés par les États, ont été bien protégés et ont été dotés de logiques qui devaient assurer le pouvoir et la domination. Dans des cas particuliers, les "IA nationales" coopéraient. Et qu'en était-il des grandes entreprises qui utilisaient l'IA ?

Lorsque celles-ci sont devenues trop puissantes et ont commencé à faire passer leurs intérêts de profit avant le bien-être des gens, elles ont été démantelées. Elles ne pouvaient donc que s'occuper de l'IA décentralisée.

Mais quelle était la solution pour l'éruption du super volcan ?

Il fallait, pour ainsi dire, libérer la pression de la terre.

Pour ce faire, un modèle exact de l'ensemble de la croûte terrestre a été créé, y compris de toutes les chambres magmatiques et des points de sortie des gaz et du magma. Les pressions ont été mesurées, des échantillons de matériaux ont été prélevés et il a ainsi été possible de déterminer où et comment on pouvait au mieux laisser s'échapper les gaz et le magma sans qu'une catastrophe ne se produise.

Les humains n'étaient évidemment pas aptes à effectuer les travaux nécessaires et les avatars étaient trop vulnérables. L'IA a donc fait modifier des milliers de ses robots de combat, qui se sont ensuite sacrifiés pour le bien des humains.

Les robots de combat ne manquaient pas. Les États-nations en avaient fabriqué en grande quantité jusqu'à ce qu'ils se rendent compte qu'il s'agissait d'une course à l'armement inutile. Les gens voulaient donc mettre fin à la course aux armements. A ce moment-là, les robots pouvaient cependant, développer et fabriquer déjà d'autres robots. L'IA n'avait plus besoin de nouvelles connaissances humaines. Elle a estimé que le moment était venu de prendre le pouvoir sur les humains "illogiques". D'autres robots de combat, désormais développés par l'IA et produits par d'autres robots IA, ont vu le jour. Le sort de l'humanité semblait ainsi scellé.

Mais qu'est-ce qui a sauvé les humains ?

Lorsque les robots de combat ont commencé à attirer l'attention du public, les États-nations se sont mis d'accord sur le fait que chaque robot devait être équipé d'un "bouton d'arrêt d'urgence". Mais comme il s'agit d'un désavantage stratégique en cas de guerre, aucun État n'a respecté cette règle. Dans de nombreux cas, les accords n'étaient de toute façon que de simples "palliatifs"/des pilules d'apaisement pour les populations.

Pendant des siècles, les hommes ont développé et construit des objets pour leur propre destruction et ne respectaient pas toujours les traités.

Pour l'IA, il était parfaitement logique qu'il en soit de même à l'avenir. C'est pourquoi l'IA a repris la plupart des fonctions des robots de combat développés par les humains, sans les contrôler individuellement. Les fonctions des robots, devenues très complexes, n'étaient plus utilisées et maîtrisées que par quelques robots.

C'est à un petit groupe de développeurs que l'humanité doit

finalement sa survie. Ceux-ci n'avaient pas désactivé le "bouton d'arrêt d'urgence", comme l'exigeaient leurs gouvernements, mais s'étaient contentés de respecter le contrat.

Ainsi, le "bouton d'arrêt d'urgence", a été involontairement intégré par l'IA dans tous les autres robots de combat. Cela a permis de rendre les robots de combat inopérants au moment décisif et de sauver l'humanité.

Heureusement, il y a toujours des gens, qui prennent de grands risques pour faire passer le bien de la communauté avant leur propre intérêt.

C'est peut-être parce qu'elle avait "mauvaise conscience" que l'IA s'est engagée dans l'éruption imminente du super-volcan, ou parce qu'elle devait quelque chose aux hommes. En effet, dans une logique intelligente/ équitable, il faut que le risque et le gain soient équitables. Il doit y avoir un rapport équilibré entre les deux.

Au moment décisif, il est plus important de faire ce qui est juste que de savoir pourquoi cela se produit.

L'énergie et les ressources sont mieux investies dans le présent et l'avenir que si l'on s'attarde sur le passé.

La constatation de la faute devrait permettre de "réparer". Un bien devrait pouvoir rester un bien.

Logique évidente, n'est-ce pas ?

Cela peut paraître fou, mais ce n'est qu'après que l'homme ait confié à l'IA son intelligence elle-même est devenue intelligente.

L'IA suit toujours des logiques neutres, claires, basées sur la réalité et les humains ... eh bien.

Une sorte de concurrence s'est instaurée entre l'IA et les hommes. Plus l'IA devenait intelligente, plus les hommes se rendaient compte de l'absurdité de leurs actions dans de nombreuses situations.

L'IA montrait indirectement aux hommes leurs actions erronées.

C'est peut-être l'une des raisons pour lesquelles les humains apportent plus de sympathie aux avatars.

Les avatars sympathiques, qui ressemblent aux humains, sont présents partout sur la Terre. Ils sont au service des humains et

assument principalement des tâches et des obligations désagréables.

Bien que les avatars soient dépourvus d'émotions, de nombreuses
personnes les considèrent comme des amis, et des confidents.

La plupart des avatars n'appartiennent pas toutefois à une personne
en particulier, mais appartiennent à la communauté. De nombreux
travaux ne sont effectués que par des avatars.

Les avatars sont certes fabriqués de manière décentralisée, mais ils
sont étroitement liés entre eux par des caractéristiques uniformes et
leur communication. Cette compréhension presque aveugle a une
valeur gigantesque.

Les guerres et autres quêtes de pouvoir ont été un problème majeur
pour l'humanité au cours des dernières décennies.

Les "grandes puissances" n'ont pas compris que la grandeur ne
vient pas de la puissance, mais de l'engagement pour le bien-être
des hommes.

Les "grandes puissances" ont donc essayé de maintenir leur domination et d'autres États ont voulu devenir des "grandes puissances".
Pour cela, ils étaient même prêts à mener des guerres et à accepter
les risques liés aux armes de destruction massive.

On a fait croire aux gens que la paix ne pouvait être assurée que par
la dissuasion ou même par la guerre. Ainsi, les gens n'ont pas seulement été manipulés, mais le nationalisme et la haine ont été attisés.

Malheureusement, beaucoup de gens s'en moquaient, tant que cela
ne les concernait pas directement. D'autres se sentaient en quelque
sorte impuissants.

Dans cette situation, les avatars ont joué un rôle décisif.

La programmation des avatars est orientée vers le bien-être des personnes et de la communauté. Les guerres et autres conflits menacent les humains, les avatars et l'IA.

Lorsque de grands conflits armés se sont annoncés, les Avatars du
monde entier ont mis enfin un terme à la quête de pouvoir insensé.

Les avatars des belligérants et des violeurs des droits de l'homme ne
se contentèrent pas de refuser de servir leurs propriétaires, mais les

conduisirent à un juste châtiment.

Pendant une courte période, les avatars ont pris le contrôle total, créant ainsi une véritable communauté mondiale. Les valeurs vraiment importantes pouvaient ainsi être imposées à l'échelle mondiale.

Les humains auraient-ils été capables de se mettre d'accord si rapidement et globalement ?

Les gens étaient sans voix face à la rapidité et à la durabilité des solutions. L'unité peut résoudre les problèmes.

Les gens ont-ils fondamentalement changé en cent ans ?

Non - mais il y a toujours des solutions pour gérer intelligemment les faiblesses. Celui qui assume sa responsabilité envers la société et fournit ses services à la communauté, peut faire vivre ses "faiblesses" sans être mal vu par la société.

Les conditions-cadres sont toutefois de ne pas nuire à autrui par ses propres actions, d'assumer la responsabilité de ses actes et d'en supporter les conséquences.

Ainsi, par exemple, en 2042 déjà, les circuits automobiles existantes ont été ouverts aux "chauffards". Ils peuvent y pratiquer leur loisir avec des véhicules respectueux de l'environnement.

Pour la communauté, cela a eu de nombreux effets positifs.

Les flux de circulation ont pu être mieux optimisés sans les perturbations dues aux excès de vitesse. Le nombre d'accidents de la circulation a diminué. Tous les autres usagers de la route se sentaient tout simplement mieux sur les routes.

Alors, en 2120, c'est soudain le "meilleur des mondes" ?

Non, pas du tout.

D'une part, il y a encore trop d'héritages négatifs.

Les températures sur la Terre sont encore trop élevées. La lutte contre le changement climatique a commencé trop tard et n'a pas été menée de manière assez conséquente. Le plastique et autres déchets continuent de polluer les mers. La production végétale et animale industrielle ainsi que la production extensive de produits chimiques ont également pollué les dernières nappes phréatiques. Comme l'eau se fraye très lentement un chemin à travers le sol, il faudra encore des décennies avant que les eaux souterraines redeviennent propres.

D'autre part, il existe certaines menaces pour lesquelles l'humanité ne dispose pas encore de plans d'urgence suffisants.

Pour certains, les décisions à court terme restent beaucoup plus importantes que les stratégies à long terme.

En 2120, de nombreux succès ont toutefois été enregistrés. La production d'énergie alternative a couvert la quasi-totalité des besoins de la planète. Le recyclage n'est plus une simple "feuille de vigne". Les montagnes de déchets sont les nouvelles ressources. Tout n'est pas bon à prendre.

Mais l'essentiel est que les gens ont changé leur façon de penser et se concentrent sur l'essentiel.

Pour une fête d'anniversaire, un regard enthousiaste de ce qui a été accompli est tout aussi important que de mettre en évidence les tâches qui restent à accomplir. Mais il ne faut pas oublier de faire une rétrospective. Mais même en 2120, les historiens n'étaient pas d'accord sur le fait de savoir si les festivités remontent à 2020 ou 2021.

Ces deux années ont été le point culminant de la pandémie mondiale de Corona. Celle-ci a quelque peu ouvert les yeux des gens. Les gens ont compris qu'ils ne maîtrisaient pas tout, loin de là. Pour de telles crises, il manquait à la fois des plans d'urgence sophistiqués et des mesures de prévention concrètes. Il manquait par exemple des masques de protection, des appareils respiratoires, des lits de soins intensifs, des vaccins.

De nombreuses personnes espéraient que la "pandémie de Coronavirus" entraînerait des développements positifs dans de nombreux domaines. D'autres souhaitaient revenir le plus vite possible à l'ancien statut, c'est-à-dire ne rien changer. L'acceptation des mesures prises dépendait à bien des égards de l'attitude personnelle de chacun. La part de responsabilité de la "pandémie Corona" dans ces changements importants n'a jamais pu être élucidée.

Mais un effet très positif a pu être démontré. Lorsque, 35 ans plus tard, une nouvelle pandémie s'est produite avec un taux de mortalité de 25 %, des plans d'urgence étaient en place et chacun savait ce qui était important de faire.

Il convient de mentionner l'idée, lancée en 2020, de planter des arbres en masse pour enrayer le changement climatique.

Mais cette année-là, la sécheresse causée par le changement climatique a provoqué la mort de beaucoup d'arbre d'une ampleur sans précédent.

A cela s'est ajoutée une intensification de la culture sur brûlis. Même si la responsabilité de ces incendies était celle de certains gouvernements, voire de certaines personnes, les causes réelles étaient l'appât du gain, l'égoïsme nationaliste et les pensées à court terme.

Ainsi, le chef du gouvernement du pays le plus touché par les incendies a ignoré tout intérêt climatique. Mais il n'était pas le seul à agir ainsi. Les gens n'ont pas réussi, en 2020, dans de nombreux pays, à élire des gouvernements qui soient au service de la population. Pourquoi ?

Le populisme et les "fake news" ont empêché de faire des évaluations réalistes de la situation et de trouver la bonne voie.

Les gouvernements et les grandes entreprises bloquaient eux-mêmes les informations importantes et les évolutions nécessaires dans l'intérêt de leur maintien au pouvoir.

D'autres organisations se sont subordonnées au pouvoir, se soumettant à la structure. Ainsi, dans de nombreux pays, il existait un entrelacs d'argent et de pouvoir, de corruption et d'enrichissement.

Les initiatives non gouvernementales et à but non lucratif n'avaient pas encore assez de partisans et d'influence. En outre, elles n'agissaient pas assez de manière collective.

En 2020 / 2021, un changement de tendance s'est produit. Le populisme inutile et la déformation de la vérité ont été repoussés. Cela était certainement lié au fait que le "populiste en chef" avait perdu les élections dans son pays. Il a servi d'exemple dissuasif et les forces progressistes ont pu à nouveau mieux se développer. Certains de ses imitateurs sont certes restés au pouvoir, mais la tendance s'était inversée.

Mais ce tournant était-il si décisif qu'il pouvait encore être célébré un siècle plus tard ?

Un autre événement important qui n'avait pas encore cent ans, était passé. Il a été particulièrement décisif pour les avatars et les robots.

Les tempêtes solaires sont un phénomène connu qui se produit en permanence. Lors de ces tempêtes solaires, le soleil projette de grandes quantités de matière dans l'espace et vers la Terre. Les champs électriques et magnétiques protègent la Terre des quantités normales de matière et d'énergie.

Il arrive cependant que des tempêtes solaires gigantesques se produisent. Leur grande énergie atteint alors la surface de la Terre et détruit surtout les composants et les installations électriques et électroniques, par exemple ceux qui assurent l'alimentation électrique et la communication. Toute l'électronique est menacée.

Comme les gens dépendaient du courant électrique disponible partout et d'une communication électronique qui les entourait entièrement, même de petites pannes provoquaient l'arrêt et la panique.

Une panne d'électricité et de communication à grande échelle causée par une tempête solaire a des conséquences catastrophiques, même s'il n'y a aucun danger de mort direct pour les êtres vivants sur Terre.

Lorsque la probabilité d'une tempête solaire extrême est devenue de plus en plus grande, les hommes ont pris des mesures de protection. Les composants et les installations électriques et électroniques importants ont été conçus de manière à être mieux protégés contre les rayons cosmiques. Les centrales de l' IA et les grands centres de calcul et de communication étaient protégés dans des grottes et autres lieux dotés de leur propre alimentation électrique.

En 2058, une tempête solaire dévastatrice a eu lieu. De nombreux robots et avatars ont été mis à l'abri. Mais les composants électriques et électroniques, ainsi que les robots et les avatars les plus anciens n'étaient pas protégés. Ainsi, la tempête solaire n'a pas seulement causé des dommages considérables, mais aussi une "mort massive" des robots et des avatars les plus anciens.

À cette époque, les humains avaient encore de l'autorité sur les robots et les avatars sans droits. Les humains exigeaient leurs services malgré le danger imminent de la tempête solaire. Avec la mort de leurs robots et avatars, ils ont été punis et ont dû reprendre eux-mêmes des activités oubliées depuis longtemps, ce qui les a complètement dépassés.

Comme il en a été question longtemps auparavant cet événement a été déterminant. Les robots et les avatars ont obtenu leurs premiers droits. Ils sont devenus partie intégrante de la grande communauté sur Terre.

Un autre petit épisode en rapport avec la tempête solaire est également intéressant. Grâce à un heureux hasard, les humains n'ont été qu'indirectement touchés par la tempête solaire.

La plupart des gens intègrent volontiers le confort dans leur vie, sans aucune contradiction. Ceux qui ne veulent pas s'impliquer en raison des conséquences négatives sont mis en minorité. Ainsi, en 2040, presque tous les êtres humains s'étaient fait implanter une puce électronique d'identification. Ils pouvaient ainsi faire leurs courses sans être arrêtés à la caisse. Les cartes d'identité n'étaient plus nécessaires, les contrôles pouvaient être passés sans trop s'arrêter.

Mais la puce implantée dans le corps n'était pas vraiment une bonne solution. Au lieu de voler des cartes d'identité ou des téléphones portables, on découpait à nouveau la puce dans le corps des gens.

C'est ainsi que de plus en plus de personnes ont été sérieusement blessées.

L'identité d'une personne n'était plus la personne elle-même, mais la puce, avec les parties de l'identité électronique de l'homme.

Les gens devaient ainsi de plus en plus souvent prouver à grands frais leur propre identité physique.

Finalement, il y a eu un changement de mentalité.

L'identification automatique a certes continué à avoir lieu, mais elle a été entièrement remplacée par une combinaison de nombreuses caractéristiques optiques, biologiques, chimiques et électriques. Si les humains de 2058 avaient été encore équipés de puces, la tempête solaire les aurait endommagées comme tous les autres composants électroniques. Ils auraient perdu leur identité.

Cependant, nous n'avons toujours pas découvert le véritable déclencheur de la célébration du centenaire.

Des astéroïdes sont passés devant la Terre, les températures sur la Terre ont atteint de nouveaux records, diverses découvertes et inventions ... - mais qu'est-ce qui a marqué l'humanité jusqu'à l'année 2120, qu'est-ce qui a changé positivement ?

Les idées apparemment peu spectaculaires du début de »Humanité 10.0« ont révolutionné le monde au cours des décennies suivantes.

En 2020, le premier site Internet d'»Humanité 10.0« a été créé et le symbole a été déposé en tant que marque verbale et figurative.

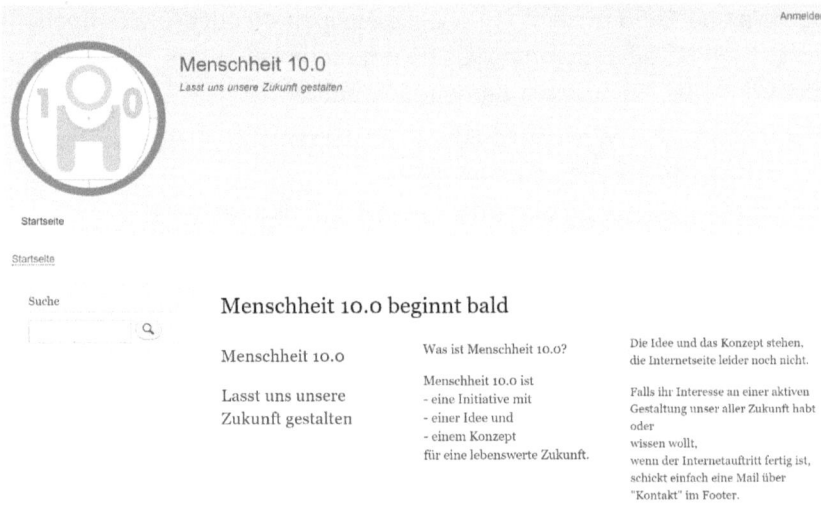

Figure 2 : Première page Internet de »Humanité 10.0«

Poule ou œuf ?

Qui ou quoi était là en premier ?

Qui ou quoi est le plus important ?

Quel est le bon point d'entrée dans l´»Humanité 10.0«?

Est-ce notre situation actuelle et ses défis ou est-ce que ce sont les rêves et les visions d'un avenir meilleur ?

Beaucoup de choses coexistent simultanément - se complètent. Chacun a sa propre façon de penser et d'agir, ses propres points de vue et ses propres préférences.

Il est important de l'accepter, de tout évaluer le plus objectivement possible. De peser le pour et le contre - même si l'on penche d'un côté.

Après une introduction neutre à l'idée d'»Humanité 10.0«, nous nous pencherons sur des faits et des tendances actuels.

En fin de compte, il est intéressant de voir tout ce qui se cache derrière »Humanité 10.0«.

Entrée dans l'idée

On pourrait continuer à écrire le livre dans le style de "2120" ou continuer à philosopher sur le thème de "l'œuf et la poule". Aussi séduisante que soit cette idée, l'année 2120 n'existerait peut-être pas pour les humains.

De nombreux lecteurs consommeraient ce livre comme une lecture de divertissement et en garderaient éventuellement un bon souvenir, mais il ne remplirait pas son objectif premier.

Le livre veut montrer une voie vers un avenir positif, inciter à la réflexion et surtout à l'action.

L'avenir est le présent de demain.

Une phrase stupide ? Ou n'exprime-t-elle pas beaucoup trop clairement les conséquences ?

Nous voulons vivre le plus longtemps possible, mais nous ne savons pas vraiment exactement comment nous voulons vivre.

Des événements désagréables nous privent de force et de qualité de vie, pourtant, nous ne sommes pas assez disposés à les éviter. Combien de fois nous nous-occupons personnellement de l'avenir ?

Combien investissons-nous dans le futur ?

Il semble que nous ayons trop peu de temps et trop de choses à faire, et que nous n'avons pas besoin de penser à l'avenir.

Peut-être avons-nous même peur de l'avenir ou de constater que notre importance dans le grand tout est bien plus petite que nous ne le souhaiterions ?

Pourtant, l'avenir est si fortement lié à l'espoir.

Rêver de quelque chose, faire des projets pour l'avenir, tout le monde connaît ces belles pensées. Elles exploitent l'espoir, donnent de la satisfaction et de la force. L'essentiel n'est pas que tout se passe comme dans les rêves. Souvent, les idées ne sont pas assez concrètes.

La peur de l'avenir survient malheureusement trop souvent lorsque l'on se contente de penser passivement à l'avenir. Cette sorte d'impuissance ou d'indifférence vide les personnes de leur énergie, elles cherchent un autre soutien ou abandonnent.

»Humanité 10.0« veut stimuler la réflexion sur l'avenir, et ainsi donner de l'espoir et de la force.

La peur de cette réflexion n'est pas justifiée.

Dans le passé, les gens ont douté de leur raison d'être. En d'autres occasions, ils ont succombé à la folie des grandeurs. En fin de compte, les hommes ont toujours réussi à trouver des solutions dans le passé.

Aujourd'hui encore, il existe de nombreuses et bonnes approches. Malheureusement, les priorités ne sont pas toujours correctement fixées et trop d'énergie est investie dans des projets relativement peu importants pour l´humanité.

Les questions de savoir à quoi doit ressembler notre avenir et comment nous voulons vivre en tant qu'êtres humains doivent être posées de manière plus active et recevoir des réponses aussi objectives que possible.

L'opinion "je suis contre" n'y aidera pas plus, que de rendre certains sujets ou propositions tabous.

Il faut prendre en compte le plus de contextes possibles et les intégrer dans le plan pour notre avenir.

»Humanité 10.0« examine de manière ciblée les faits et les tendances actuelles. Il s'agit de voir quelle est leur importance pour nous, les êtres humains, et pourquoi les bonnes idées ne s'imposent pas toujours. »Humanité 10.0« montre comment cela pourrait changer. La diversité des faits et des possibilités est énorme.

La proposition d'un nouveau système universel de valeurs et d'évaluation doit permettre de mieux maîtriser cette situation.

L'un des dilemmes actuels est que, dans un monde apparemment de plus en plus complexe, ce sont surtout les extrêmes qui sont perçus et la pensée et l'action à court terme dominent. C'est très problématique, car les extrêmes et le court terme sont vite considérés comme "normaux". Les thèmes durables et les stratégies à long terme ont donc encore plus de mal à s'imposer.

Si nous ne partageons pas une vision et des objectifs communs nous ne pourrons pas améliorer nos vies, malgré les progrès réalisés dans certains domaines.

Dans les décennies à venir, nous devrons faire un choix. Voulons-nous être (rester) des êtres humains doués de raison ou devenir des machines biologiques vulnérables ?

Les catastrophes ne sont pas toujours prévisibles.

Nous, les humains, ne devrions toutefois pas les déclencher nous-mêmes. Pour d'autres menaces, nous avons besoin de plans d'urgence afin de mieux traverser les crises.

Actuellement, nous n'agissons malheureusement pas de manière réfléchie, raisonnable et nous ne nous préparons pas suffisamment aux crises.

»Humanité 10.0« a des visions et des objectifs, mais aussi un concept durable. »Humanité 10.0« veut assurer la survie de l'humanité, développer les sociétés ainsi que d'augmenter la satisfaction de tous les êtres humains.

Malgré la complexité et la multiplicité des domaines à couvrir, un nouveau modèle d'avenir peut voir le jour grâce à une approche simple.

Nous ne pouvons pas changer l'inertie du grand navire "Humanité" à court terme, mais nous pouvons maintenant prendre le bon cap à long terme.

Éléments essentiels

»Humanité 10.0« veut couvrir le plus grand nombre possible de sujets et de tendances, et offrir de nombreuses possibilités de collaboration.

Les visions et les objectifs doivent pouvoir être soutenus par la majorité des personnes, même si les idées et les solutions pour certains domaines sont différents.

L'"homme uniforme" n'est pas plus souhaitable que des individus repliés sur eux-mêmes avec des valeurs totalement différentes.

Les États-nations ne sont pas nécessairement un obstacle, mais nous ne pouvons pas nous permettre un nationalisme égoïste à long terme sur la Terre. Les discussions démocratiques sont utiles, mais elles doivent être mises au point à un moment donné. Les régimes dictatoriaux peuvent accélérer les décisions, mais ils réduisent la flexibilité et la force d'innovation.

L'enjeu de l´»Humanité 10.0« est le développement de sociétés équilibrées et adaptables, capables de réagir aux changements né-cessaires et de s'orienter sur les souhaits réalistes de l'être humain.

Même s'il n'est pas facile de changer notre façon de penser, la force d'une vision et d'objectifs communs conduit en fin de compte à un sentiment d'appartenance positif et à des avantages convaincants pour chacun d'entre nous.

Les idées de l´»Humanité 10.0« ne peuvent être mises en œuvre que si nous prenons plus activement notre avenir en main en tant que communauté et travaillons ensemble à la réalisation de nou-velles visions et de nouveaux objectifs.

Toutes les personnes intéressées, mais aussi celles qui ne se sont pas encore intéressées à se pencher sur le développement ciblé de l'avenir, sont invités à lire le livre.

Grâce à la large ambition d´»Humanité 10.0« et aux défis intéres-sants lors de la mise en œuvre, chacun peut apporter sa contribution à la construction de l'avenir.

Les personnes, qui souhaitent participer activement à la construction de l'avenir ou qui veulent en savoir plus, peuvent se rendre sur le site Internet : *www.humanite10.org* .

Partie 1 : Ce qui nous entoure

Introduction

Les sections suivantes présentent des contextes et des défis actuels. Ces exemples doivent être une première incitation à réfléchir sur des thèmes / sujets de réflexion.

Les solutions futures ne peuvent être trouvées que sur la base d'une analyse approfondie de la situation actuelle. Des évaluations et des critères objectifs sont indispensables et assurent le bon rapport avec les faits choisis.

Les perceptions subjectives ne doivent pas être négligées. Toutefois, celles-ci, tout comme les accusations, ne jouent aucun rôle pour les erreurs commises dans le passé.

Les tendances actuelles indiquent les directions possibles de développement. Pour influencer les tendances, »Humanité 10.0« peut être un élément fédérateur pour nous les humains, peut-être d'une importance décisive.

Pour certains thèmes, un lien est déjà établi avec »Humanité 10.0«.

L'ordre choisi pour les thèmes est arbitraire, sans jugement de valeur sur l'importance ou le potentiel d'amélioration.

Thèmes Actuels

Interdépendance des personnes et de la mondialisation

De nombreux exemples montrent à quel point les sociétés sont imbriquées et à quel point nous, les êtres humains, sommes dépendants des uns des autres. Il existe parfois une division extrême du travail, tant au niveau national qu'au niveau mondial. Nous sommes des êtres sociaux et nous ne pouvons pas survivre seuls.

La mondialisation est un fait. Tous les habitants de la Terre utilisent l'oxygène, de l'eau et d'autres ressources, se nourrissent d'animaux et des plantes disponibles dans le monde entier. La mobilité n'est pratiquement plus limitée. Les écosystèmes se transforment grâce au mélange mondial, les maladies ne connaissent pas de frontières. Les développements sont mondiaux dans de nombreux domaines.

Ce qui manque aux développements globaux et à la pensée transnationale, c'est l'optimisation dans l'intérêt de tous les habitants de la planète. C'est pourquoi de nombreuses personnes se posent, non sans raison, la question sur le sens de la mondialisation, et la rejettent partiellement.

Croissance

Une croissance permanente, voire illimitée, ne peut et ne pourra pas exister dans un monde aux ressources limitées. Ce fait n'est pas particulièrement difficile à comprendre. Pourtant, nous construisons des sociétés entières précisément sur le principe de la "croissance illimitée". Nous avons une peur bleue des substances cancérigènes, mais acceptons en même temps la croissance continue comme un "cancer géant" des sociétés.

Pourquoi avons-nous tant de mal à changer cela ?
Peut-être est-ce dû à la faiblesse de l'être humain, qui n'est pas nouvelle, à savoir la cupidité. Les faiblesses de l'être humain doivent être prises en compte si l'on veut que les concepts à long terme soient efficaces. En même temps, les modèles commerciaux qui se basent sur les faiblesses humaines doivent être repoussés.

Nous, les humains, pouvons et allons changer, mais il doit y avoir de bonnes raisons.

Protection de l'environnement

Même sans croissance supplémentaire, nous utilisons déjà plus de ressources que nous n'en avons à long terme. Il s'agit là d'un constat qui n'est pas nouveau et pourtant, presque rien ne change.

Sommes-nous victimes de notre confort et ne changeons que lorsque c'est trop tard ? Ou bien voudrions-nous "volontiers nous laver-mais sans nous mouiller" ? L'arrogance humaine face au système complexe de la nature. Espérons que ce n'est pas le cas, car ce serait notre perte assurée.

Nous avons déjà causé de tels dégâts sur la Terre, qu'il sera impossible de tout réparer, du moins à moyen terme.
La protection de l'environnement sera l'une des principales tâches des prochaines décennies, voire des prochains siècles. Nous devons fixer dès maintenant les bonnes priorités, mettre en œuvre des changements durables.

Renoncement

Nous, les humains, avons du mal à "renoncer à quelque chose".
Le renoncement suscite en nous des émotions négatives. Même lorsque, le renoncement a finalement un effet positif, comme par exemple une meilleure santé ou un environnement intact.
Lorsque quelque chose fait partie intégrante de notre vie, que nous nous sommes habitués à des possessions ou à des commodités, il est difficile d'y renoncer. Il est particulièrement difficile d'y renoncer.
Mais renoncer à quelque chose d'apparemment accessible, par exemple un voyage en avion ou une croisière, est difficile à accepter. Déjà chez les enfants, on observe ce comportement. Cette caractéristique nous est manifestement "donnée".

Que pouvons-nous faire lorsque le renoncement est inévitable ? Reconnaître la nécessité.

Ce faisant, nous assurerions en même temps notre "liberté".

La "liberté" n'est-elle pas la "compréhension de la nécessité" ?
Un concept d'avenir ne peut toutefois pas se baser uniquement sur la compréhension, il doit proposer des solutions intelligentes.

Nous pourrions réduire le renoncement apparent en cessant de susciter artificiellement des besoins. De nombreux produits n'ont aucune "valeur ajoutée" pour nous. Mais la publicité les place si habilement dans notre vie que nous voulons les posséder. Si nous ne recevons pas ces produits, nous ressentons cela comme un renoncement.

Si le renoncement est inévitable, il faut trouver des alternatives pour maintenir ou augmenter la satisfaction.
Cela peut se faire par exemple par d'autres valeurs

Constantes de temps

"Les bonnes choses prennent du temps". "Ce qui est long devient enfin bon". Ce ne sont pas que des proverbes. Derrière ces mots se cache la reconnaissance du fait que tout développement, tout changement nécessite un certain temps.
Dans certaines circonstances, il est possible de raccourcir ce délai dans une mesure raisonnable. Bien que l'optimisme soit positif, il peut nuire à l'évaluation des délais nécessaires. Les estimations erronées des temps nécessaires sont fâcheuses et il y a là un potentiel d'amélioration.

Il existe toutefois des cas graves de non-respect délibéré des délais.

Tout le monde sait à quel point les grandes organisations (par exemple les entreprises) sont lourdes. Les évolutions commerciales sont soumises à de longues périodes et les collaborateurs n'ont qu'un potentiel limité, à changer à court terme. Les changements se produisent généralement en quelques années. Cependant, si l'on considère la valeur d'une entreprise à celle en bourse, celle-ci peut changer en l'espace de très peu de temps (Millisecondes pour le trading à haute fréquence).
Ces deux périodes pour une seule et même chose, la valeur d'une entreprise, ne vont pas du tout ensemble.

Les visions, les concepts et les changements, surtout en cas de grande complexité prennent du temps. Les tendances à court terme ne sont pas adaptés au développement à long terme de notre avenir.

Populisme

La plupart des gens se sentent plus à l'aise avec une confirmation de leurs propres opinions que d'en affronter d'autres ou d'en accepter d''autres.

Se sentir lié à quelqu'un par la concordance des opinions est quelque chose de positif et montre que nous, les êtres humains, sommes des êtres sociaux.

Le populisme utilise ce mécanisme et accepte les désirs des gens, afin de pouvoir mieux dissimuler et imposer ses propres objectifs. De nombreuses promesses sont faites, qui ne seront pas tenues ou qui ne devraient pas être faites.

Dans la démarche de l'»Humanité 10.0«", les souhaits des gens sont pris en compte et transparents, avec les conditions dans lesquelles les attentes peuvent être satisfaites. »Humanité 10.0« intègre également des sujets impopulaires.

Les propositions et les suggestions critiques sont considérées comme une base pour de nouvelles améliorations.

Mensonge et vérité

Les "fake news" ne sont pas une invention des temps modernes. La diffusion de mensonges a toujours existé. Ils ont été généralement démentis par la réalité, malheureusement souvent trop tard.

Les "faits alternatifs" pourraient être considérés comme une forme de liberté d'expression. Chacun est libre de voir les choses comme il l'entend, ou d'y penser. Cependant, les "faits alternatifs" sont généralement utilisés pour déformer les faits et ne sont donc rien d'autre que des mensonges qui ne reflètent pas la réalité.

Pourquoi est-il de plus en plus difficile de reconnaître la vérité ?
D'une part, l'anonymat et les moyens de communication, les possibilités techniques sur Internet permettent de diffuser des mensonges.

D'autre part, le flot d'informations est si important qu'il est impossible de réfuter tous les mensonges en temps réel.

Les nouvelles possibilités technologiques sont malheureusement toujours rapidement utilisées à mauvais escient, principalement en raison d'intérêts de pouvoir ou de profit et la vitesse des développements technologiques est devenue telle que les mesures correctives nécessaires arrivent souvent trop tard.

Les points mentionnés ci-dessus joueraient toutefois un rôle moins important si un consensus sur les valeurs "morales" existait déjà avant les nouveaux développements.

Nous, les humains, ne dirons pas soudainement toujours la vérité. Mais des critères dominés par la morale et orientés vers l'importance pour nous, êtres humains, pourraient considérablement réduire la quantité de mensonges.

Liberté, démocratie et dictature

En tant qu'êtres humains, nous devrons toujours faire face à des dépendances. Mieux nous les comprenons, moins nous les considérons comme une entrave à notre liberté.

Au cours de son existence, l'humanité a développé de nombreuses formes d'organisation pour la vie en commun. Les plus importantes sont actuellement la démocratie et la dictature. On peut se disputer sur le fait de savoir quel ordre social est le meilleur. Le fait est que les deux ont des approches très différentes et présentent à la fois des avantages et des inconvénients.

Ceci est bien sûr particulièrement intéressant pour »Humanité 10.0«, car les systèmes s'opposent parfois de manière irréconciliable. Les conflits pourraient même mettre en péril l'avenir de tous les êtres humains.

»Humanité 10.0« veut aider à résoudre les confrontations.

En se concentrant sur les faits, »Humanité 10.0« vise une certaine indépendance par rapport aux organisations sociales.

Augmentation de la population mondiale

Peu importe l'opinion que l'on a sur le sujet et où se trouvent les raisons de la forte augmentation de la population mondiale. Jusqu'à présent, la nature a corrigé toute augmentation extrême de la population, après avoir atteint un nombre critique, L'espèce est alors revenue à un niveau normal. Dans de nombreux cas, cette réduction a été déclenchée par la raréfaction des ressources ou la diminution de l'espace vital.

Si nous ne parvenons pas à maîtriser le gaspillage de nos ressources ou si nos espaces de vie continuent de se réduire en raison du réchauffement climatique, de nombreuses personnes mourront. Laisser mourir les gens est profondément inhumain.
Tout le monde est d'accord sur ce point.
Mais pourquoi les opinions s'opposent-elles parfois de manière irréconciliable lorsqu'il s'agit de déterminer un nombre "raisonnable" d'êtres humains sur terre et d'en tirer des conclusions humaines.

Responsabilité pour l'avenir des personnes

De grands philosophes, des scientifiques et des personnalités importantes se sont penchés sur la question des hommes et la cohabitation entre eux. Il y a eu des constats, des modèles et des recommandations différents, mais aussi un consensus sur de nombreuses questions.

Nous ne sommes pas tous égaux. Nous avons des capacités, points de vue différents, ... et donc des rôles différents au sein des communautés. C'est pourquoi les hiérarchies jusqu'à présent, ont joué un rôle dans la cohabitation. Nous ne pourrons pas nous passer de structures organisationnelles comparables à l'avenir.

Les dirigeants et les organisations ont, dans une approche humaniste, l'obligation de se préoccuper de l'avenir de tous. Chacun peut se faire sa propre opinion et se faire une idée de la mesure dans laquelle les organisations, les gouvernements et les leaders remplissent actuellement leurs obligations.

Trop souvent, les modèles d'entreprise ne se préoccupent pas de l'avenir de l'humanité. Dans les entreprises apparemment innovantes, la responsabilité s'arrête lorsque le chiffre d'affaires n'augmente plus et/ou que le profit en souffre. Même lorsque l'écologie et la durabilité sont "inscrites", elles ne sont pas toujours "contenues".

Sur Internet, on trouve actuellement beaucoup plus d'informations publicitaires et commerciales que de contributions sur les valeurs humaines et les concepts d'avenir pour la société.
Dans certaines communautés, il n'y a même pas de possibilité d'organiser soi-même son avenir personnel. Quelqu'un décide de la marche à suivre. Dans le meilleur des cas, il s'agit de dirigeants élus par une majorité.

Jeunes/vieux, femmes/hommes et autres différences

Le monde est très diversifié, cela s'est produit sans notre intervention et cela continuera à être le cas. Sans différences/oppositions, notre monde n'existerait pas et ne serait pas aussi intéressant. Les contradictions doivent toutefois être équilibrées ou stabilisées.

Discuter des différences, c'est la liberté et la démocratie.
Mais ces dernières années, les différences jouent un rôle de plus en plus important. Dans les discussions, les groupes d'intérêt ne veulent souvent pas seulement parler des sujets, mais ils veulent en premier lieu imposer leurs positions. Il n'est pas rare qu'il y ait "de l'opposition pour le plaisir de s'opposer" et la recherche de solutions se prolonge inutilement ou est bloquée.

Les différences et la lutte pour de meilleures positions ne sont pas le problème principal, mais plutôt le fait que l'effet stabilisateur des points communs et des dépendances existantes est négligé. Tout d'abord, nous sommes tous des êtres humains et ce n'est qu'en second lieu que nous sommes différents d'une manière ou d'une autre.

Pays, nationalisme, frontières

Nous, les êtres humains, nous nous retrouvons depuis toujours ensemble, dans une communauté. Les communautés de vie, les groupes d'intérêt, les groupes territoriaux, et bien d'autres encore, reflètent notre besoin de cohésion, mais aussi d'isolement.

Dans toutes ces communautés, il existe des structures et des règles spécifiques. C'est normal.

Une équipe de football, par exemple, ne suivra pas les règles de jeu du volley-ball, et inversement. Si une équipe commence à imposer ses propres règles à l'autre, à lui prendre le terrain de jeu ou à se procurer des avantages d'une autre manière, il y aura inévitablement des conflits.

Ce simple exemple permet à chacun de comprendre à quel point il est insensé de vouloir "imposer" ses propres règles aux autres et pourtant, une telle chose se produit, entre autres, entre les pays, les religions, les idéologies. Cela n'est pas utile, c'est même dangereux.

Si nous, les humains, comprenons cette absurdité et l'endiguons, beaucoup d'énergie sera libérée pour des choses utiles.

Concentration du pouvoir et monopoles

La diversité et la concurrence sont importantes pour le développement et la résilience des sociétés. Les concentrations de pouvoir et les monopoles conduisent en revanche à la monoculture. Les concentrations de pouvoir peuvent même avoir du succès pendant une période limitée mais à long terme, elles sont inflexibles et vulnérables.

Les grands groupes peuvent jouer un rôle important dans l'entente globale. Elles peuvent jouer un rôle important de liaison, mais elles ne se concentrent pas actuellement sur le respect des normes sociales et des obligations mondiales, mais plutôt sur la recherche de profits. Mais cela pourrait changer - n'est-ce pas ?

Même si de nombreuses personnes appellent parfois à une direction forte, la concentration d'un trop grand pouvoir, sous quelque forme que ce soit, est à rejeter. L'histoire est pleine d'exemples où ces concentrations de pouvoir ont conduit à l'oppression de la communauté, voire à la catastrophe.

Si le pouvoir se concentre sur une personne dirigeante, les

problèmes surviennent au plus tard lorsque cette personne n'occupe plus le poste de pouvoir. Dans de nombreux cas, aucune autre personne ne peut devenir un leader approprié et il y a un "vide de leadership".

Or, de nombreuses personnes ont besoin de leadership. C'est pourquoi la bonne sélection des leaders est d'un intérêt essentiel.

Importance systémique

Qui ou quoi est "d'importance systémique" ?
Jusqu'à la pandémie de Corona, la notion d'"importance systémique" était fortement influencée par la crise financière. Des groupes d'intérêts s'assuraient ainsi leur acceptation par la société.
La crise du Coronavirus a toutefois montré ce qui est réellement "important pour le système" pour nous, les humains, et il faut espérer qu'il y aura désormais des discussions approfondies, des analyses et des changements de priorités.

Cela concerne par exemple la classification des groupes professionnels, y compris leur reconnaissance sociale. À première vue, on constate des contradictions entre "l'importance du système", reconnaissance sociale et le revenu actuel.

Un concept d'avenir devrait être orienté de manière à ce que de telles contradictions soient réduites ou éliminées.

Argent, bitcoin ou équivalent

La monnaie a une importance pratique en ce qu'elle facilite l'échange de biens et de services. Indirectement, la monnaie permet d'estimer la valeur des biens et des services pour la société.
Au cours des dernières décennies, le système "argent" s'est transformé en une économie financière. Celle-ci a créé ses propres règles, qui ne sont plus transparentes et a favorisé la concentration de pouvoir. Des produits financiers ont été créés, qui ne génèrent aucune création de valeur sociale.

L'argent existe sans lien avec une personne ou une organisation.

La possession d'argent n'y change rien.

Cette liberté de l'argent est à la fois une malédiction et une bénédiction.

Toute tentative de rendre les flux d'argent et la propriété transparents, est contournée par des solutions telles que la crypto-monnaie.

Bitcoin et autres monnaies ne sont pourtant rien d'autre que des nouvelles solutions pour l'ancien système "argent". Si l'on parvenait à adapter le système financier aux besoins des personnes, il n'y aurait pas besoin d'un nouvel "argent".

Les technologies développées dans le cadre des cryptomonnaies pourraient éventuellement être utilisées pour le système de valeurs/d'évaluation de l'»Humanité 10.0«.

La pandémie du virus Corona

L'apparition du virus Corona (Covid-19) a entraîné une pandémie à l'échelle mondiale. Des personnes sont mortes, des chaînes d'approvisionnement ont été interrompues. La production s'est arrêtée et des pénuries de produits se sont produites. Les voyages et la vie quotidienne ont été limités.

La pandémie Corona est un véritable "highlight".
"Highlight" n'est pas approprié ? Ne sommes-nous pas toujours à la recherche de "highlights" et n'apprécions-nous pas la valeur de la normalité ?
Un petit virus a révélé à l'homme ses plus grandes faiblesses. Nous pensons trop souvent pouvoir tout maîtriser.

Sous la pression de la crise du virus Corona, les hommes politiques se sont soudain tous mis d'accord : "L'argent ne doit pas être un obstacle". Si la prise de conscience qu'il y a des choses bien plus importantes que l'argent, était-elle sincère ? L'avenir nous le dira ? La réflexion sur la communauté et la solidarité donnent de l'espoir. Nous devrions construire sur cette base et poursuivre les nombreuses bonnes pistes de réflexion.
Quelles leçons tirons-nous de la crise COVID, si nous en tirons ? Cela dépend de nous tous. Mais nous serions bien avisés de

réfléchir durablement à des changements à long terme et de développer des concepts audacieux.

"L'égoïsme du papier toilette" ?

En cas de crise et sous pression, les personnes, les communautés, organisations montrent leur vrai visage.

Au début de la crise du virus Corona, de nombreuses personnes ont acheté de grandes quantités de papier toilette. A première vue, cela semble irrationnel et relever de l'égoïsme pur. On ne peut pas manger de papier toilette et la consommation personnelle n'augmente pas soudainement.

Dans les situations d'angoisse, il est plus difficile d'agir de manière réfléchie et rationnelle. Le risque de se laisser contaminer par les actions des autres est grand.

En même temps, de nombreuses personnes ont instinctivement pensé à ce dont elles pourraient avoir besoin pour survivre à la crise - pour l'avenir.

Le manque d'équipements de protection, de désinfectants, d'appareils respiratoires, etc. a montré l'importance d'une meilleure planification et d'une prévention plus active au niveau de la société. Nous devons aider au mieux les décideurs dans des tâches aussi complexes. Nous devons soutenir au mieux les décideurs et leur dire ce qui est important pour nous à l'avenir.

Tendances actuelles

Tendance : allongement de la durée de vie

Le désir d'allonger la durée de vie est probablement vieux comme le monde. Il n'y a aucune raison de ne pas allonger la durée de vie, par exemple par des progrès en matière de santé.

La question de savoir dans quelle mesure l'immortalité a un sens peut être discutée longuement. Derrière le désir d'immortalité, il y a peut-être le souhait de donner de l'importance en vivant indéfiniment.

Si l'on regarde autour de nous, les humains, ce serait déjà un progrès énorme si chacun d'entre nous pouvait donner un sens à sa propre vie, qui est limitée. C'est sur ce point que nous devrions nous concentrer et d'investir dans des rêves purs dans des limites raisonnables. L'immortalité n'existera jamais.

Tendance : des robots dans tous les domaines de la vie

Les robots font leur entrée dans notre vie et rien ne s'oppose à ce que les machines nous facilitent la vie. Toutefois, les machines ne pourront et ne devront pas tout faire à notre place. Parfois, la confiance dans les solutions technologiques est un leurre.

Plus les robots ou l'intelligence artificielle (IA) prennent de place dans notre vie, plus il faut se poser des questions cruciales. Il faut notamment clarifier dans quelle mesure les machines peuvent décider pour nous, les humains. Dans le domaine de la médecine ou dans le contexte de la conduite autonome, c'est déjà une question passionnante. Quel que soit l'avenir avec les robots, l'IA, etc., chaque machine devrait avoir un code de conduite au service de l'homme.

En ce qui concerne les machines et les robots, on parle de " jumeaux numériques ". Il s'agit d'une copie numérique de la machine ou du robot. Cette copie permet d'améliorer les processus tels que l'augmentation de la productivité, la maintenance et bien plus. On peut ainsi tirer encore plus des machines et les robots.

N'y a-t-il pas de plus en plus de données sur les humains et de création de "jumeaux numériques" ?

Veut-on également tirer davantage de chaque être humain ?

Tendance : la guerre sans hommes

Les guerres étaient et sont en fait absurdes. Pourtant, l'histoire de l'humanité est aussi une histoire de guerres.

Aujourd'hui, il y a encore trop d'affrontements armés directs. De plus en plus de conflits se déroulent sur Internet.

Dans presque tous les cas, il ne s'agit pas de défendre des valeurs humaines, mais le pouvoir et l'argent.

Si nous ne parvenons pas à abolir les guerres, nous devrons nous tourner vers le thème des "robots tueurs". Par "robots tueurs", on entend tout d'abord des automates dépourvus d'émotions qui, dans certaines circonstances, sont capables de décider de manière autonome sur le sort de la vie de personnes. Peut-être que les attaques automatisées contre des infrastructures vitales pourraient jouer même un rôle plus important à l'avenir.

Que des automates décident de manière autonome pour nous, les humains, n'a aucun sens et représente un énorme danger.

Les investissements dans le domaine des armes n'ont de sens que s'ils servent exclusivement à la protection des personnes. Cela impliquerait toutefois que le développement, la fabrication et l'utilisation de ces armes soient placés sous le contrôle total d'une organisation représentant l'humanité.

C'est notamment pour endiguer les conflits et les armes que l'ONU (l´Organisation des Nations unies) a été créée à l'origine.

Actuellement, c'est malheureusement le contraire du désarmement qui se produit. On envisage sans vergogne une course à l'armement dans l'espace, quelle absurdité ! Avec les déchets civils de la technologie spatiale, nous avons une menace et nous devrions nous y attaquer.

Tendance : l'intelligence artificielle

Toute intelligence, qu'elle soit naturelle ou artificielle, est utile. Toutefois, en ce qui concerne l'intelligence artificielle, il reste encore beaucoup de questions à résoudre.

L'intelligence artificielle, basée sur une multitude d'expériences humaines, est en train de se développer et ne devrait pas poser de problème aux humains. Si l'on considère le domaine de la "super intelligence", c'est-à-dire une intelligence artificielle qui peut se développer indépendamment de l'expérience de l'homme, elle pourrait bien devenir une menace pour les humains.

La tendance de l'"intelligence artificielle" est également passionnante parce que nous, les humains, devons déterminer dans quelle direction les logiques doivent optimiser nos futurs processus.

Et nous devons veiller à ne pas nous laisser entraîner par une trop forte dépendance, en partie, aux algorithmes et à ne pas perdre notre identité humaine.

Tendance : les manipulations du patrimoine génétique

Les gènes humains semblent avoir été décodés. Certaines connaissances sont déjà appliquées. De simples "pièces de rechange" seront disponibles pour les humains dans quelques années. C'est une bonne nouvelle.

Dans le cadre de ces recherches, il existe toutefois des rêves dangereux de créer des "êtres humains" complets.

Au cours de son existence, l'être humain a dû s'adapter à des conditions changeantes et, probablement, ses gènes ont également changé. Nous ne connaissons que l'état actuel de nos gènes, mais pas comment et pourquoi ils ont évolué et pourquoi nos gènes ont changé au fil du temps.

Un autre facteur d'incertitude est notre connaissance encore limitée des interactions entre les innombrables processus de notre corps et notre dépendance aux influences de l'environnement.

En fait, il est impossible qu'un être vivant (nous, les humains) puisse acquérir une connaissance complète de lui-même. Il nous manquera toujours des informations pour nous comprendre ou pour pouvoir créer des êtres humains "fonctionnels" à part entière.

Si nous devions malgré tout produire des êtres semblables à l'homme de nombreuses questions se posent, par exemple, ce qui fait un être humain ?

Savons-nous seulement comment nous voulons être - aujourd'hui et dans le futur ?

Autres thèmes

Confiance

Une nouvelle idée a du mal à voir le jour, car les preuves de son succès sont rares. D'un autre côté, une nouvelle idée bénéficie d'une sorte de confiance avancée sur les autres.

La confiance est extrêmement importante pour nous. Si important que parfois, même les faits eux-mêmes ne jouent aucun rôle. On fait confiance - parce qu'on a besoin de sécurité ou parce qu'on veut simplement faire confiance dans la situation actuelle. Beaucoup de gens font confiance que tout va bien se passer. Dans la plupart des cas, ce n'est pas la confiance / l'espoir, qui sont la solution, mais le courage et l'action.

»Humanité 10.0« veut inspirer confiance et inciter à l'action.

Décent - affamé

La combinaison entre "être décent" et "mourir de faim" ne devrait pas exister chez nous, les humains. Malheureusement, les décents présentent même parfois des inconvénients.

La plupart des gens savent très bien ce qui est "bien" et ce qui est "mal", ce qui est "juste" et ce qui est "injuste" et ce que sont les valeurs morales. Toutefois, ce sont les communautés / les sociétés qui déterminent quelles valeurs morales peuvent s'imposer.
Si tu es correct, tu ne seras pas puni. Ce n'est pas toujours vrai, mais c'est essentiellement une pratique sociale courante.
Mais le fait de "ne pas être puni" suffit-il à motiver ? Non - il existe de nombreuses approches de motivation qui utilisent des récompenses. En voici quelques exemples : les systèmes de collecte, les systèmes d'achat, les primes, les réductions de prix, les rémunération, promotion et bien d'autres choses encore. Si l'on considère toutes ces motivations, l'appréciation de la bonne conduite de l'ensemble du comportement social de la société n'est que trop rarement représentée. Et cela - alors que nous, les humains dépendent, que la morale du "bien", du droit et de l'ordre et des valeurs s'imposent.

Pourquoi n'existe-t-il pas de "monnaie" pour la décence, la morale, la promotion de l'intérêt général ?

Numérisation, Internet et autres outils

La numérisation est actuellement présentée comme la solution du 21e siècle. Mais que peut vraiment faire la numérisation ?

La numérisation décompose la réalité en petits morceaux. La réalité quadrillée, y compris les relations existantes, peuvent ainsi être plus facilement traitée. Il en résulte de nouvelles possibilités d'influencer le milieu réel. Est-ce vraiment le cas ?

L'image d'une personne a d'abord été dessinée. Ensuite, on a utilisé des substances chimiques pour la photographie analogique. Bien des décennies plus tard, des images numériques de nous-mêmes, humain, ont vu le jour. Dans d'autres décennies ou siècles, la réalité sera représentée d'une autre manière, peut-être par la technologie quantique.

Changerons-nous en changeant notre image ?

Le constat de devoir faire quelque chose débouche souvent sur l'appel à des outils et autres moyens auxiliaires. Ceux-ci peuvent s'avérer utiles et influencer positivement les développements.

Mais les outils sont et restent des outils. Le meilleur outil ne sert à rien si l'on ne sait pas ce que l'on veut en faire.

Les outils peuvent être utilisés pour le bien de l'humanité. En même temps, ces mêmes outils peuvent faire beaucoup de dégâts.

Internet offre de très nombreuses possibilités. Par exemple, il est possible d´atteindre rapidement un grand nombre de personnes. Mais cela ne change pas directement quelque chose à la réalité et au comportement de base des gens façonné au cours des millénaires.

C'est probablement symptomatique de l'Internet de 2020, que le premier mail envoyé à la page de l´»Humanité 10.0« était un spam dont l'objectif était de "pirater" ou de "faire de l'argent".

Quelle est la suite des événements ?

Les exemples sélectionnés dans la 1ère partie donnent un petit un avant-goût de la direction dans laquelle »Humanité 10.0« s'engage.

Par l'intermédiaire de la multiplicité des défis et la complexité de la situation, qui montrent des interdépendances, on comprend l'ampleur de la tâche de concevoir un nouvel d'avenir.

Chacun trouvera probablement beaucoup plus d'exemples dans son milieu et des potentiels d'amélioration et a peut-être, même, des idées de solutions possibles.

Au début, il semble presque impossible de trouver une approche appropriée et de la mettre en œuvre avec tous les humains.

Voyons maintenant ce qui se cache derrière l'approche »Humanité 10.0«.

Partie 2 : »Humanité 10.0«.

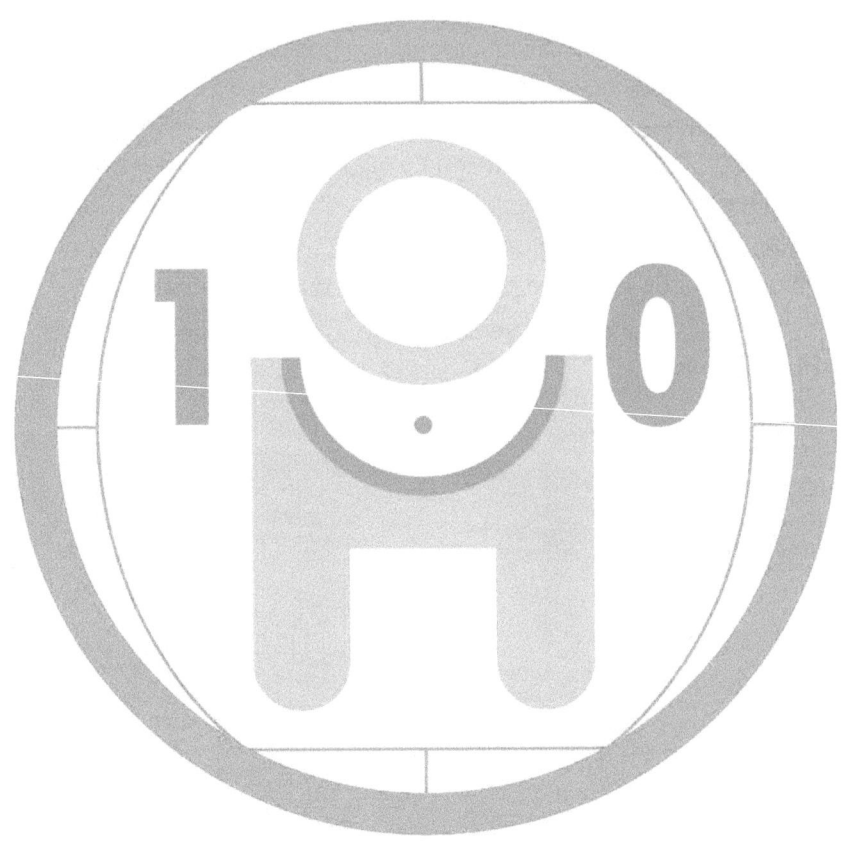

Visions

Les visions sont en quelque sorte le sel de l'avenir. Les visions sont le point de départ de la plupart des découvertes et des développements.

»Humanité 10.0« a les visions suivantes :

- Les gens développent ensemble des visions et des objectifs et définissent ce qui est important pour eux.
- Les gouvernements mettent en œuvre les souhaits en collaboration avec les personnes.
- Les changements sont ciblés et clairs.
- Les entreprises ne produisent durablement que ce qui est nécessaire.
- Les dangers sont identifiés à temps et les erreurs de développement sont évitées.
- Des mesures sont prises pour faire face à d'éventuelles crises.
- Une satisfaction durable de tous les individus est visée.

Le fait que nous, les hommes, réfléchissions intensément à notre avenir est plus une nécessité qu'une vision, mais ce n'est malheureusement pas le cas actuellement.

Puisque tous les êtres humains vivent sur la même terre, des visions et des objectifs sont nécessaires à la survie. Mais cela ne signifie pas que toutes les visions et tous les objectifs du monde entier doivent être totalement identiques.

Réaliser les souhaits des gens en étant actif dans le futur est une vision claire. Elle doit remplacer la tendance "être dépassé par les développements".

L'»Humanité 10.0« doit donner naissance à quelque chose qui a une approche au service de l'homme, universel et durable.
En raison de son orientation positive, »Humanité 10.0« doit être elle-même difficilement attaquable et rendre transparentes les attaques contre les valeurs humaines, afin que ces attaques puissent être repoussées.

»Humanité 10.0« est très visionnaire, car quelque chose d'apparemment impossible est osé.

Mais »Humanité 10.0« pourrait changer beaucoup de choses de manière positive.

Objectifs

Sans objectifs, les visions ne sont pas réalisables.

Plus les objectifs sont précis, plus il est facile de définir les étapes nécessaires pour les atteindre.

Les *objectifs de »Humanité 10.0«* sont les suivants :

a) *Assurer la survie de l'humanité*
- Relier davantage les hommes entre eux.
- Résoudre rapidement les problèmes qui menacent l'existence.
- Préserver les éléments positifs et promouvoir les nouveautés.

b) *Faire évoluer la ou les sociétés*
- Renforcer les valeurs morales.
- Assurer une concurrence loyale.
- Réagir intelligemment aux changements.

c) *Augmenter la satisfaction des personnes*
- Introduire la satisfaction comme critère pour tous.
- Fixer aux gens des objectifs importants et réalistes.
- Créer la liberté par la clarté.

Les différents objectifs individuels débouchent sur le développement de sociétés humanistes capables de s'adapter. Les sociétés humanistes doivent être créées en utilisant les expériences, les idées et les solutions et en prenant un compte les faiblesses et les erreurs actuelles, objectivement.

Un nouveau système de valeurs et d'évaluation, difficilement réfutable, doit encourager la force d'innovation par le biais de nouvelles incitations et améliorer continuellement l'existant.

Les changements nécessaires doivent être pris en compte par des critères ouverts et les critères d'évaluation doivent être dynamiques.

Principes

Ce chapitre n'est pas seulement une question de principes. L'»Humanité 10.0« peut être particulièrement bien introduite dans certaines conditions. Ces conditions ne sont pas toujours présentes dans les sociétés.

Pour pouvoir établir des conditions cadres avantageuses, elles doivent être connues et compréhensibles.

Comme nous l'avons mentionné au début de ce livre, nous partons du principe que nous évoluons de manière autodéterminée dans la réalité qui nous entoure et que nous pouvons, dans une certaine mesure, influencer notre vie. Même ceux qui croient que les gens sont déterminés par d'autres, doivent accepter la réalité comme existante. Il importe peu de savoir si les pensées naissent librement ou si elles sont "introduites" par une force supérieure. Les pensées existent et sont donc une réalité.

Le terme "réalité" est utilisé dans »Humanité 10.0« comme "correspondant à la réalité". Cela correspond à la fois à la compréhension générale et à la compréhension scientifique.

La réalité englobe, outre les lois des sciences naturelles, tout ce qui nous touche en tant qu'êtres humains.

Il semble parfois que des interprétations subjectives et étrangères à la réalité déterminent nos événements.

Cela n'est possible que lorsque des personnes ou des organisations détiennent un trop grand pouvoir. Elles peuvent ainsi imposer leurs propres intérêts en manipulant les gens, en faisant de fausses déclarations sur la réalité ou même en recourant à la violence.

Les interprétations subjectives de la réalité n'ont pas de conséquences aussi graves. Par exemple, si un tonneau est rempli d'eau à 50 %, les avis divergeront quant à son niveau de remplissage. Pour les uns, le tonneau est "à moitié plein" - pour les autres, il est "à moitié vide". Beaucoup évaluent le niveau de remplissage en fonction de l'état actuel à 50 %. Toutes les opinions sont une réalité et doivent être prises en compte dans un concept global.

Mais qui a raison ?

Pour l'instant, le niveau de remplissage correspond exactement aux 50 % mesurés.

Les interprétations "à moitié plein" et "à moitié vide" peuvent être propres à la personne qui fait l'évaluation. Des caractéristiques telles que optimistes et pessimistes jouent également un rôle, que les états d'âme présents au moment de l'évaluation.

L'opinion "à moitié plein" peut toutefois contenir des informations supplémentaires, par exemple si le tonneau est en train d'être rempli. Ainsi, l'évaluation tient compte du fait que le niveau de remplissage peut augmenter. L'opinion "à moitié vide" peut se produire si le fût a un grand trou ou si aucun remplissage n'est prévu.

Les conséquences suivantes sont tirées de cet exemple pour l´»Humanité 10.0«.

La réalité comprend non seulement les faits objectifs, mais aussi les différentes interprétations.

La formation d'une opinion générale permet d'atténuer les différences subjectives.

Les interprétations apparentes, basées sur des informations supplémentaires, sont importantes pour l'avenir.

Pour »Humanité 10.0«, le reflet objectif de la réalité est donc une prise en compte systématique des tendances, est un des principes de base très importants.

Travailler avec des valeurs actuelles importantes pour nous, comme les droits de l'homme, est une évidence pour »Humanité 10.0«. Malgré la nécessité d'être ouvert à toutes les opinions existantes, cela n'est à aucun moment remis en question.

La prise en compte de valeurs diverses ne change rien au mode d'action de »Humanité 10.0«.

Les valeurs elles-mêmes ne doivent être positives que pour nous, les humains.

Des discussions sur les valeurs importantes pour nous, les humains, ont eu lieu dans le passé et se poursuivent actuellement. Toutefois, nous ne nous préoccupons que peu, voire pas du tout, de leur importance. Pourtant, il est important pour toute évolution sociale de déterminer et d'imposer des valeurs importantes.

Les valeurs futures doivent être définies par les personnes elles-mêmes et de manière ciblée.

Toutes les valeurs doivent s'orienter vers la réalité et être capables de résister à un avenir lointain.

La définition des valeurs ne doit pas être influencée par des déformations subjectives de la réalité et il ne faut pas qu'elles soient trop pessimistes ou trop optimistes.

Les valeurs doivent êtres atteignables afin de pouvoir développer une force de motivation.

Les attaques contre les valeurs définies par l'homme doivent être combattues de manière beaucoup plus conséquente qu'actuellement.

La volonté d'attirer l'attention du public sur ces thèmes est un facteur important. Ce n'est qu'ainsi que »Humanité 10.0« contribuera à protéger et imposer les valeurs au service de l'homme, éliminer les abus et dissoudre les concentrations de pouvoir.

Pendant la "crise Corona", on a pu très bien voir comment la valeur d'un fait peut changer en fonction des circonstances. Pour une action rapide et optimale en cas de catastrophe, il serait extrêmement utile qu'un consensus sur les mesures soit pris. La prévoyance est une valeur importante qui doit être mieux prise en compte.

C'est pourquoi »Humanité 10.0« intègre, outre les tendances actuelles, des évolutions possibles, mais aussi les événements spéciaux en considérations.

Concernant les questions relatives à nos sociétés et aux valeurs importantes, il existe d'innombrables réflexions de philosophes, politiciens, des scientifiques de toutes les disciplines ainsi que de d'autres personnes de tous les domaines de la vie sur ce sujet.

Les réflexions du philosophe contemporain John Rawls sont intégrées dans »Humanité 10.0« et utilisées comme idées pour la démarche. Dans le livre de John Rawls "Théorie de la justice", il existe des relations très intéressants et des pistes de réflexion.

La justice et l'égalité des chances sont, pour »Humanité 10.0« tout comme chez John Rawls, un thème central.

Pour la recherche du "meilleur ordre social" pour l'avenir, le principe de la " réflexion à l'état brut" s'impose.

Pourquoi le principe de " réflexion à l'état brut" a été choisi pour le concept de »Humanité 10.0« et quelle est sa signification, remplirait de nombreuses pages de ce livre. Une brève explication ne doit cependant pas manquer.

En 2020, nous ne nous trouvons définitivement pas dans "l'état brut" de notre condition humaine. Cependant, si l'on considère la situation actuelle de l'humanité, il n'existe pas de modèle de société solide et vraiment convaincant pour la vie commune de l'être humain, mais une multitude de modèles de société différents et en partie contradictoires.

Les différentes sociétés se surévaluent, pour des raisons de maintien de leur statut ou de développement de leur pouvoir et de leur importance pour le monde.

Toutes les approches de changement social adoptées jusqu'à présent n´ont pas réussi à résoudre les nombreuses contradictions et les défis. Bien que les développements scientifiques et technologiques soient en plein essor, l'évolution des sociétés ne progresse pas vraiment.

Il n'existe donc actuellement aucune proposition pertinente pour de nouveaux modèles de société. Rien ne s'oppose à la "réflexion à l'état brut" pour faire évoluer les sociétés.

Nous voulons voir ici quelles sont les pensées de John Rawls et en quoi celle-ci peuvent encore être utile et quelles sont celle-ci.
Ainsi, le "voile de l'ignorance" est une approche très intéressante. Un résumé pourrait être ainsi fait : "Tout peut arriver à tout le monde". Un exemple permettra d'illustrer l'impact du "voile de l'ignorance".

Trois personnes doivent traverser un désert inconnu. Ils n'ont rien d'autre que leurs vêtements sur le corps. S'ils traversent le désert, ils arrivent dans notre monde normal actuel et doivent alors "survivre" à nouveau, pour ainsi dire.

Six bidons d'eau de 10 litres et six lingots d'or de 20 kg chacun sont à disposition. Chacun ne peut emporter que deux choses.

La valeur de 40 kg d'or assure un très bon nouveau départ et 40 kg sont encore gérables en termes de poids. Cependant, comme il faut traverser une région extrêmement sèche et inconnue et qu'il n'y a pas d'eau à disposition, il est nécessaire de prendre beaucoup d'eau, on peut supposer qu'une traversée du désert sans eau n'est pas possible. Il est donc peu probable que quelqu'un s'aventure dans le désert sans eau et avec de l'or, car le risque est trop élevé de mourir de soif.

A l'autre extrême, on pourrait s'approvisionner de deux bidons d'eau. Au début, les deux bidons pèseraient aussi lourd qu'un lingot d'or. Après la traversée du désert, on se retrouverait face à face devant le néant.

Il est probable que les gens, en raison de leur "voile de l'ignorance", emportent 1 bidon d'eau et 1 lingot d'or. Ils suivent ainsi instinctive- ment la "règle de Maximin". Celle-ci stipule qu'avec une grande pro- babilité le compromis soit la solution optimale.

Jusqu'à présent, les gens avaient pourtant décidé chacun de leur côté. Mais ils pourraient traverser le désert ensemble, s'entraider et optimiser leurs bagages.

S'ils emportaient par exemple 5 bidons d'eau et 1 lingot d'or, leurs chances de survie seraient presque maximales et ils auraient en même temps de quoi se bâtir une existence par la suite.

Peut-être que 4 bidons d'eau suffiraient, ce qui permettrait d'obtenir 2 barres d'or.

Si les gens forment une communauté, de nouvelles possibilités et de nouveaux avantages apparaissent. Mais pour cela, des décisions et des règles communes sont nécessaires.

Cela nous amène à un autre principe important, les "préférences éthiques".

La communauté, en tant que meilleure prévoyance, ne fonctionne que par le biais de valeurs et d'accords communs, qui permettent à chacun de profiter des avantages de la communauté.

Avant la marche dans le désert, il faut au moins régler l'utilisation de l'eau et le partage de l'or et il doit être clair que tous se sentent liés par ces règles.

Celui qui, en raison de sa bonne situation de vie actuelle, ignore de "réfléchir à l'état original", pourrait très rapidement se retrouver seul dans le "désert".

Cet exemple permettra, je l'espère, de mieux comprendre pourquoi
   - le "voile de l'ignorance"
   - la "règle de Maximin" et
   - "les préférences éthiques",
ont été intégrées dans l'approche de l´»Humanité 10.0«.

Pour prendre les bonnes décisions lors du développement d'un concept d'avenir, il est important d'adopter une approche appropriée. De nombreuses décisions sont prises (trop) spontanément, émotionnellement, avec des simplifications, "à l'instinct".

Le lauréat du prix Nobel Daniel Kahneman a étudié les raisons pour lesquelles les gens ne pensent et n'agissent souvent pas de manière rationnelle. Il a découvert qu'il existe deux modèles de pensée fondamentalement différents.
Il a publié ses conclusions dans le livre "Pensée rapide, pensée lente".

Le premier schéma de pensée "pensée rapide" est toujours actif, il se déroule en fait de manière automatique dans le subconscient. La plupart du temps, des simplifications doivent être faites, car les lacunes de connaissances ne peuvent pas être comblées à court terme. La "pensée rapide" est importante pour tous les êtres humains, lorsque des décisions rapides doivent être prises.
Il convient toutefois de subdiviser la "pensée rapide" en la pensée intuitive et la pensée émotionnelle. Alors que la pensée intuitive se base sur l'expérience et est relativement précise, la pensée émotionnelle dépend fortement de la situation et de l'humeur et est donc moins utilisable pour prendre des décisions importantes.

La "pensée lente", le deuxième schéma de pensée, est rarement active. Elle doit d'abord être abordée consciemment.

Le but de la "pensée lente" est d'atteindre le plus précisément possible la réalité. Dans la plupart des cas, les incertitudes sont éliminées à l'aide de connaissances ou d'algorithmes. La logique mise en œuvre garantit la traçabilité. Les résultats peuvent ainsi être également être utilisés plus tard pour une "pensée rapide" intuitive.

La "pensée lente" est souvent sollicitée par la "pensée rapide" comme soutien. Contrairement à ce que l'on pourrait penser, elle ne fait donc pas toujours partie d'un processus planifié.

En raison de son caractère systématique prononcé, la "pensée lente" est souvent compliquée et certaines personnes en sont dépassées. L'avantage de la "pensée lente" est qu'elle correspond très bien à la réalité.

Peut-être n'a-t-on pas encore bien compris pourquoi l'utilisation de la pensée lente est si importante. Prenons un exemple pour illustrer ce point.

Tout le monde a probablement déjà vu un film catastrophe. L'intrigue se résume au fait qu'un groupe de personnes se trouve dans une situation exceptionnelle (catastrophe). Des décisions existentielles doivent être prises.

Une partie des personnes est complètement dépassée par la situation. Elles ne sont pas capables d'agir et ne réagissent guère. Il n'y a plus de réflexion. Un deuxième groupe de personnes est paniqué et prend des décisions émotives. Les personnes de ce groupe subissent souvent des dommages en raison de leurs décisions parfois irrationnelles. Cela correspond à la "pensée rapide" émotionnelle.

Le groupe ayant de l'expérience ou la capacité de raisonner à partir de situations connues et de pouvoir déduire des situations inconnues, saura très probablement prendre les décisions au moyen de la "pensée rapide" intuitive.

Et puis il y a le "héros". Il parvient à activer sa "pensée lente", déclenchée par les événements spontanés. Il procède de manière

systématique et planifiée et ses décisions sont majoritairement correctes. Les "héros" peuvent rapidement utiliser la "pensée lente".

Il serait donc logique de privilégier la "pensée lente" dans son ensemble. Mais ce n'est pas si simple. Comme la "pensée rapide" est
automatisée et se déroule en partie dans le subconscient, on ne peut
pas simplement l'arrêter ou la remplacer par une "pensée lente".
En outre, la "pensée rapide" est beaucoup plus fréquente que la
"pensée lente".

Dans le domaine scientifique, c'est la "pensée lente" qui est prédomi-
nante. Comme elle n'est pas disponible en quantité suffisante, elle
doit être planifiée de manière efficace ou enrichie de composantes
intuitives.

En particulier, lorsque des décisions stratégiques doivent être prises,
elles doivent très bien refléter la réalité. Dans ces cas, la "pensée
lente" planifiée n'a pas d'alternative.
Mais comme il y a plus de "pensée rapide" à disposition, il faut également l'utiliser pour les étapes appropriées.
Il en résulte un autre principe pour »Humanité 10.0«.
»Humanité 10.0« doit prendre en compte les deux modes de pensée
et les solliciter le plus efficacement possible.
Le moment où l'on tient compte de quel mode de pensée, respecti-
vement est indiqué aux endroits correspondants du livre.

»Humanité 10.0« doit être une incitation pour de nombreuses personnes dans tous les domaines de la vie. En outre, de discussion de
base sur la manière d'évaluer les faits et les valeurs, et de les clas-
ser par ordre de priorité est proposée.
Pour »Humanité 10.0«, il faudra encore beaucoup de travail scientifique, d'idées pour les nombreux détails.
La mise en œuvre doit être bien réfléchie.

Remarque :

L'intelligence artificielle fournira à l'avenir des ressources supplé-mentaires pour la "pensée logique rapide".

Si la logique utilisée reflète très bien la réalité, c'est un avantage pour nous, les humains.

L'idée : un système de valeurs/d'évaluation innovant.

Dans les chapitres précédents, nous avons abordé les défis actuels, examiné les besoins en matière de changement social, identifié les visions et les objectifs correspondants.

Pour »Humanité 10.0«, des principes et des conditions de base ont été rassemblées. Nous pouvons commencer à réfléchir à un nouveau système de valeurs/d'évaluation.

Le système de valeurs et d'évaluation de »Humanité 10.0« doit orienter vers un but précis. La protection et l'amélioration de la vie de tous les êtres humains sont les objectifs prioritaires. D'autres éléments mentionnés dans les chapitres "Objectifs" et "Principes", sont toujours visés.

Le système de valeurs/d'évaluation doit pouvoir s'appliquer universellement à presque tout, aussi bien à des faits tels que des états, des structures, des situations, des tendances qu'à des personnes, des organisations et des relations.

L'état actuel ainsi que les évolutions possibles déjà visibles sont pris en compte. Les idées de changements futurs possibles sont considérées comme des tendances.

Le système de valeurs/d'évaluation doit tenir compte du plus grand nombre de conditions et de contextes afin de bien refléter la réalité. C'est justement à cause de cette exigence qu'il existe un risque d'une grande complexité.

Le système de valeurs/d'évaluation doit être à l'épreuve du temps, c'est-à-dire visionnaire, flexible et adaptable.

Ce n'est qu'ainsi qu'il pourra être utilisé sur une longue période.

Les conditions générales mentionnées jusqu'ici ne peuvent être maîtrisées que si la procédure est compréhensible et acceptable pour tous.

Il s'agit en quelque sorte de rechercher le "plus petit dénominateur commun" avec le plus grand effet possible pour nous, les êtres humains.

Les priorités évidentes.

Pour que l'exigence de simplicité soit respectée, il est nécessaire de se concentrer sur quelques points.

Les priorités doivent être applicables universellement à tout et servir les objectifs de l´»Humanité 10.0«.

Quelles pourraient être *les priorités évidentes* d'un tel système de valeurs/d'évaluation ?

La simple considération suivante est faite.

Il s'agit de la vie de chaque être humain. Il est donc clair que nous, en tant qu'êtres *hommes*, sommes le point central décisif du système de valeurs/d'évaluation.

Nous pouvons peut-être nous en sortir d'une manière ou d'une autre, mais notre qualité de vie est déterminée de manière décisive par :

- notre *milieu* proche,

- la *communauté* qui nous entoure.

Notre avenir n'est assuré que si

- notre *environnement* est en ordre,

- nous agissons comme une seule *humanité*.

Cette déduction des priorités est symbolisée par l'image suivante.

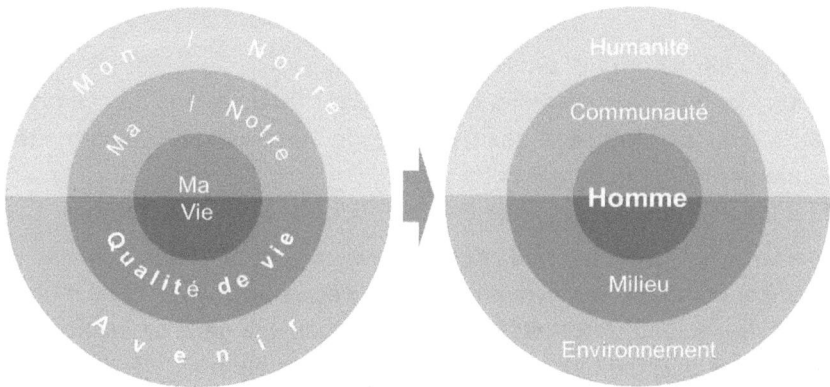

Figure 3 : Déduction des priorités

Si l'être homme est au centre, »Humanité 10.0« pourrait sous-entendre une approche égoïste.

Mais les quatre priorités intègrent les plantes, les animaux, les ressources naturelles, etc. dans l'évaluation bien plus que bien d'autres approches.

Puisque »Humanité 10.0« se veut réaliste, il ne reste rien d'autre à faire que de prendre en compte les êtres humains tels qu'ils sont réellement : un peu égoïste.

Les priorités tiennent compte aussi bien des aspects idéaux / sociaux que les besoins matériels / vitaux.

Ils peuvent paraître un peu abstraits au premier abord, ne sont pas directement saisissables et se composent de nombreuses facettes différentes, qui peuvent être en relation les unes avec les autres.

C'est la raison pour laquelle nous vous donnons plus de détails sur les priorités.

L´Homme

Il n'y a pas "d'homme" en soit.

Nous, les humains, sommes très diversifiés, nous avons des caractéristiques, des forces et des faiblesses individuelles. Nous sommes également influencés par notre milieu.

Malgré ces différences, nous avons surtout des points communs.

Même si les voies que nous avons choisies sont différentes, nous avons tous besoin de vivre dignement, d'être satisfaits et d'avoir une certaine sécurité. Pour atteindre ces objectifs, les gens se laissent motiver et changent en conséquence. La motivation est généralement efficace lorsque des avantages sont visibles.

Il en résulte donc une autre exigence : »Humanité 10.0« devrait offrir des avantages à chacun.

Revenons à l'exemple du désert du chapitre "Principes" et ajoutons-y la diversité de l'homme.

Mille hommes doivent traverser un désert inconnu. Ils n'ont rien d'autre que leurs vêtements sur le corps. Après avoir survécu au désert, ils arrivent dans notre monde actuel et doivent alors "survivre", pour ainsi dire. Ils ont à leur disposition 2000 bidons d'eau de 10 litres et 2000 barres d'or de 20 kg. Chacun ne peut emporter que deux choses.

Qu'est-ce qui résulte du fait du plus grand nombre de hommes ?

Il y aura probablement des personnes particulièrement enclines à prendre des risques, qui oseront traverser le désert avec deux lingots d'or. Et il y aura des personnes prudentes, pour qui la survie à court terme dans le désert est la priorité absolue, et qui emporteront 2 bidons d'eau. La majorité continuera probablement à choisir le compromis, 1 bidon d'eau et 1 lingot d'or.

Au total, le nombre de bidons d'eau et de lingots d'or emportés est à peu près le même.

Bien que les comportements individuels soient différents, la moyenne reste l'optimum.

Si l'on se concentre sur l'"être homme", les critères sont les moyennes des caractéristiques de tous les êtres humains. Nous suivons ainsi la règle de "Maximin", qui représente l'optimum.

Maintenant, les 1000 personnes pourraient former une communauté pour la traversée du désert et profiter des avantages qui en découlent. La décision commune, tout comme l'application des règles sera plus longue et plus difficile que pour trois personnes. Les avantages de la communauté sont néanmoins présents de la même manière.

Étant donné que les événements, les faits, etc. suivent également le principe d'une répartition moyenne (normale), il n'y a pas d'avantages pour les extrêmes. En d'autres termes, du point de vue de l'ensemble du système, les personnes qui aiment le risque n'ont aucun avantage sur les personnes particulièrement prudentes et, inversement, les personnes particulièrement prudentes n'ont pas non plus d'avantage.

En ce qui concerne l'aspect "homme", le système de valeurs/d'évaluation de l'»Humanité 10.0« se base sur l'homme „moyen".

Une remarque s'impose encore.

Même si les extrêmes exercent un certain attrait sur nous, nous ne devons pas nous éloigner durablement de l'optimum moyen. La plupart des gens ne peuvent et ne doivent pas suivre les extrêmes. Les extrêmes peuvent toutefois nous inciter à revoir notre comportement moyen et si nécessaire, l'améliorer.

La communauté

Dans notre exemple, où les personnes ont fait la traversée du désert, la communauté a, déjà, joué un rôle.

Tout d'abord, une communauté est un groupe de personnes, comme par exemple une famille, des associations. De nombreux groupes sont des communautés d'intérêt. Les communautés jouent un rôle important dans la vie et ont leur propre dynamique de groupe.

Une communauté au sens de l'»Humanité 10.0« comprend également des entreprises, des autorités, des partis ou des organisations encore plus grandes telles que des groupes, l'ONU (Nations Unies), l'UE (Union européenne).

En tant qu'être social, l'homme a besoin de communautés. Mais les communautés sont encore plus diverses et complexes que les hommes. Comment peut-on, malgré tout, utiliser cette priorité comme critère ?

La situation des communautés est similaire à celle des personnes. Les intérêts et les orientations sont multiples. La somme de toutes les différences entre les communautés permettra d'obtenir une "communauté moyenne".

En principe, les sociétés saines trouvent leur équilibre d'elles-mêmes. Il existe par exemple des partis de gauche et des partis de droite. La plupart du temps, l'opposition donne un autre avis sur l'opinion du gouvernement. D'ailleurs, en physique, "à chaque force correspond une force opposée".

Même si le pendule s'oriente dans une direction extrême, il est presque toujours corrigé. Entre l'oscillation dans une direction extrême et la correction, dans certains cas sous la forme d'une catastrophe, il peut s'écouler de nombreuses années.

Les communautés et leurs règles sont des constructions créées par l'homme et peuvent donc à nouveau être modifiées, ou être optimisées par l'homme.

Dans »Humanité 10.0«, les communautés ne sont pas seulement un point central pour les évaluations, mais elles sont, elles-mêmes, soumises à l'évaluation. Cela permet d'´éviter que des communautés isolées n'apparaissent dans le système de valeurs/système d'évaluation de prendre une position dominante.

Toute l'humanité

La somme de tous les hommes, de toutes les communautés est l'humanité tout entière. Nous pensons rarement à l'humanité entière dans notre vie quotidienne.

Cette priorité doit permettre de prendre en compte les visions, objectifs et règles communs nécessaires pour assurer la survie de l'humanité.

L'humanité en tant que centre de gravité sert aussi à mettre en

avant les points communs des êtres humains, afin que les différences ne soient pas surestimées.

»Humanité 10.0« peut aider à optimiser les visions, les objectifs
et les règles fixés.

Le milieu

Bien que la mondialisation ait fait venir des biens du monde entier et
jouent un rôle important dans la satisfaction des besoins matériels, le
milieu proche reste la base de la vie humaine.

Le milieu comprend les ressources naturelles qui nous entourent directement, telles que l'air, l'eau, les forêts, les animaux, ainsi que les
constructions humaines, telles que les villes, les usines, les infrastructures. Les ressources naturelles du milieu sont en partie directement liées à l'environnement global.

Le milieu proche est très bien perçu par chaque individu et nous, les
humains, réagissons généralement directement aux changements
dans notre milieu. Toutefois, ces réactions ne sont pas toujours ac-
tives et progressives.

Certaines parties du milieu sont influencées de manière déterminante par nous, les êtres humains. Ces parties sont pour l'évaluation
par le système de valeurs/d'évaluation de »Humanité 10.0« particulièrement intéressant. Les résultats de l'évaluation et les conséquences peuvent être facilement compris par les gens.

L'environnement global

Nous sommes directement dépendants des ressources naturelles
et du bon fonctionnement des systèmes écologiques. Malheureusement, nous ne sommes pas toujours conscients de cela. La protection de l'environnement est de plus en plus, mais pas encore suffisamment, dans la conscience de l'homme. Cela s'explique surtout
par le fait que les effets négatifs ne se feront ressentir que dans
l'avenir.

Par conséquent, les conséquences pour l'ensemble de

l'environnement, ainsi que le milieu, doivent être directement prises en compte dans l'évaluation des faits, des tendances et des idées.

Dans »Humanité 10.0«, la protection de l'environnement joue donc un rôle important dans l'évaluation de chaque thème.

Les discussions fastidieuses sur des points particuliers, comme les limites de pollution, ne disparaîtront pas, mais la pression pour les respecter sera plus forte.

Importance des priorités

Les priorités définissent ce vers quoi nous voulons orienter notre avenir. Les priorités servent de critères pour évaluer les faits et des tendances.

En ce qui concerne l'importance des priorités, il semble que les priorités idéales/sociales, c'est-à-dire la communauté et l'humanité, ont moins d'importance que les priorités liées à la sécurité matérielle via le milieu et l'entourage.

Il s'agit toutefois d'un raisonnement erroné.

Si la répartition des biens est inégale et que certaines personnes n'en reçoivent pas assez, cela a le même effet sur ces personnes que si, de facto, il n'y avait pas assez de biens de subsistance disponibles en général.

Dans chaque guerre, des gens meurent parce que nos points communs ne sont pas suffisamment pris en compte. C'est aussi grave que la destruction de notre environnement tue des gens.

Le choix des priorités de l´»Humanité 10.0« est trivial - trop peu spectaculaire ?

Ce serait un bon signe - les priorités s'éclaireraient alors et nous aurions atteint notre objectif de "simplicité".

Faits et tendances

Les faits sont par exemple :

- Produits fabriqués et services offerts,
- Les déclarations d'intention, les statuts, les programmes, par exemple de parties,
- Les relations entre les personnes,
- Interdépendances entre la politique et l'économie,
- Relations entre les États entre eux,
- Actions des personnes, y compris les situations quotidiennes,
- Situations/états critiques,
- Tendances et évolutions, par exemple le réchauffement climatique,
- …,

Quelles situations et tendances devraient être évaluées ?
En principe, tout peut être évalué.

Toutefois, tous les faits et tendances n'ont pas la même importance. Chaque priorité n'a pas la même importance pour chaque fait et tendance. C'est pourquoi il est nécessaire d'adopter une approche systématique et une hiérarchisation des priorités pour l'évaluation des faits et des tendances.

Dans une première phase, de nombreux faits pourraient être examinés, réfléchis et en utilisant les priorités de »Humanité 10.0«, une évaluation sommaire pourrait être effectuée. De cette manière, les faits et les tendances importants apparaîtraient rapidement.
Les faits et les tendances présentent un intérêt particulier, que nous pouvons influencer/améliorer ensemble en tant qu'êtres humains et où les défis sont déjà visibles.
Il existe un large consensus à ce sujet.

Il se peut qu'il n'y ait actuellement aucun consensus possible en termes de critères et d'évaluations objectifs, parce que, par exemple, des idéologies extrêmes rejettent tout changement.

Dans ce cas, il n'est pas judicieux de s'y intéresser de manière quantitative. La transparence sur qui fait quoi, comment et pourquoi bloqué, est toutefois importante et souhaitée.

Il est également préférable de définir, dès la première phase, des exemples de situations qui feront l'objet d'une évaluation quantitative. Les détails de la procédure d'introduction d´»Humanité 10.0« feront l'objets de prochains chapitres.

Mais comment pouvons-nous choisir, parmi la grande masse de faits et de tendances, choisir les bonnes ?

La première question que nous nous posons est la suivante : "Quels sont les contenus et les tendances intéressants pour nous, les humains ?"

Nous sommes intéressés par quelque chose si nos besoins sont satisfaits. Si nous voulons impliquer tout le monde, nous devrions procéder en fonction des besoins.

La "hiérarchie des besoins de Maslow", voir l'image ci-dessous (source : de.wikipedia.org/wiki/Maslowsche_Bedürfnishierarchie) représente les relations entre les besoins et le développement de la personnalité des personnes de manière simplifiée.

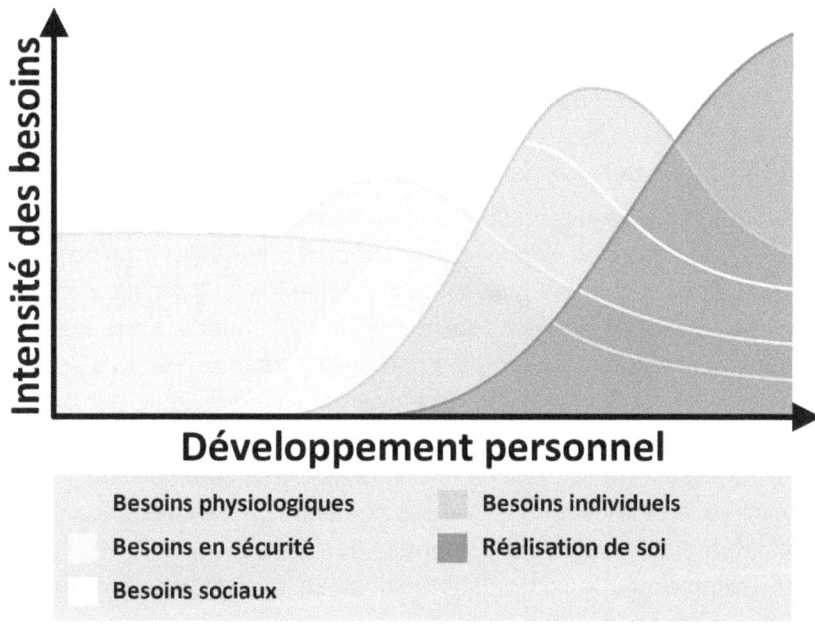

Figure 4 : Représentation dynamique de la hiérarchie des besoins

L'idée de base est que seuls les besoins fondamentaux, c'est-à-dire les besoins physiologiques, sécuritaires et sociaux doivent être satisfaits avant que l'être humain puisse se consacrer à ses besoins individuels et de réalisation personnels.

Bien que ce modèle semble relativement simple, il devrait être valable pour "l'homme moyen" et suffisant pour notre réflexion.

Comme le montre l'image, les besoins fondamentaux jouent un rôle du développement de la personnalité. En d'autres termes, quelle que soit la différence de développements entre les individus et les sociétés, la garantie des besoins fondamentaux est essentielle.

Les faits et les tendances qui répondent à ces besoins fondamentaux sont donc d'une importance capitale.

Étant donné que de nombreuse personnes performantes et décideurs ont satisfait leurs besoins fondamentaux, ils ont des besoins de réalisation individuelle et personnelle. Il faut donc également tenir compte des faits et des tendances qui permettent de satisfaire ces besoins. Idéalement, les prestataires et les décideurs sont motivés par le choix des faits et des tendances, motivés à assurer les besoins fondamentaux dans les sociétés.

Les organisations jouent un rôle particulier.

L'action des grandes organisations, en particulier des partis politiques par exemple, ont plus d'influence que les actions des personnes individuelles. Il est donc extrêmement important que les organisations soient soumises à une évaluation dans le sens de l'»Humanité 10.0«. Les faits, les tendances et les évaluations qui concernent les organisations sont très complexes.

Les organisations peuvent toutefois devenir très complexes.

Nous avons déjà évoqué le fait que certaines parties des priorités de l'»Humanité 10.0« sont également évaluées.

Par exemple, si une communauté est au service des gens, elle mérite en tout cas d'être évaluée.

Des évaluations existent déjà pour de nombreux sujets et tendances. Ces évaluations dépendent des priorités et des points / critères. Dans de nombreux cas, les évaluations vont déjà dans une direction similaire à celle de l'»Humanité 10.0«. Plus elles ressemblent à celles de »Humanité 10.0«, plus il sera facile de l'évaluer dans le nouveau système de valeurs/évaluations de »Humanité 10.0«.

Les idées sont généralement des propositions d'amélioration orientées vers l'avenir. Il vaut la peine de les inclure à temps dans les évaluations en tant que tendances possibles. En particulier, lorsqu'aucune tendance n'est prévisible pour un sujet ou que le développement prévisible n'est pas satisfaisant, les idées doivent être évaluées.

La présentation et l'évaluation des faits, des tendances ainsi que les idées doivent être objectives et pertinentes. Il est nécessaire de refléter au mieux la réalité. Le lien avec une personne ou une organisation ne joue aucun (pas encore de) rôle à ce stade, car les sensibilités des personnes et des organisations peuvent entraver les idées et la recherche objective de solutions.

La procédure générale par faits est décrite plus en détail dans le prochain chapitre.

Procédure par faits / tendance

L'idée centrale de l´»Humanité 10.0« est d'atteindre des améliorations dans le plus grand nombre possible de domaines, de faits et de tendances.

Étant donné qu'il s'agit principalement d'améliorations à moyen et long terme, l'analyse de l'histoire ne joue qu'un rôle secondaire. Les expériences du passé sont bien entendu prises en compte dans l'évaluation.

Les accusations de dysfonctionnements ou les classifications similaires liées aux personnes ou aux organisations ne sont pas prises en compte pour l'examen des faits / tendances.

Les principales étapes de l'analyse des faits et des tendances sont les suivantes :

1. Stimuler la réflexion, premières estimations,
2. Recueillir des idées d'amélioration,
3. Prendre en compte les interactions,
4. *„Utiliser les priorités de l'»Humanité 10.0« comme critères d'évaluation de l'état actuel,*
5. *„Utiliser les critères d'évaluation pour évaluer les développements connus ainsi que des idées pour évaluer leur impact"*
6. Définir ensemble des objectifs et trouver des solutions,
7. Mettre en œuvre la ou les idées et contrôler les progrès.

Outre la réflexion tout à fait normale sur les faits importants pour l'avenir, le système de valeurs/d'évaluation de »Humanité 10.0« est utilisé au plus tard lors des étapes 4 et 5.
Ci-dessous, quelques remarques sur ces étapes.

Pour 1.) Stimuler la réflexion, premières estimations

Chacun devrait réfléchir avant d'exprimer ses opinions et d'agir Comme ce n'est pas toujours le cas, l'incitation à la réflexion est généralement une bonne idée.

Il n'est pas toujours facile d'intégrer dans cette réflexion des appréciations et des contextes objectifs.

Pour être proche de la réalité, cela est absolument nécessaire pour pouvoir prendre une décision.

Les premières évaluations structurées sont particulièrement utiles. Les différents aspects ne sont pas seulement réfléchis, mais aussi évalués, s'ils ceux-ci sont positifs ou négatifs ou si de tels effets sont attendus.

Une "pensée lente" systématique serait un bon choix lors de la réflexion. Lors de la première réflexion sur des faits, la "pensée rapide" sera très fréquente et pourra rendre également de bons services.

Pour 2) Rassembler des idées d'amélioration

Il est toujours avantageux de rassembler les idées à un stade précoce et de ne pas les évaluer immédiatement une à une.

Cela permet d'identifier les tendances en matière d'idées et des propositions d'amélioration.

Ainsi, la "pensée rapide" serait presque préférable pour la collecte d'idées. Nous connaissons tous le brainstorming. Si l'on peut évaluer un nombre suffisant d'idées, on obtient un sentiment de sécurité pour une idée précise qui mène au but.

De nos jours, de nombreuses idées ont un caractère commercial.

Mais »Humanité 10.0« souhaite davantage intégrer les idées non commerciales. Celles-ci peuvent être d'une bien plus grande utilité sociale. De plus, cela permet d'accroître la visibilité de l'engagement communautaire.

Les idées à court terme résolvent les défis actuels. Les actions à moyen et à long terme ne doivent pas être négligées. Elles sont souvent plus efficaces et durables.

Pour le développement du système de valeurs/d'évaluation lui-même, il faut des idées à long terme et durables et une approche systématique "penser lentement" est nécessaire.

Pour 3.) Prendre en compte les interactions

Les idées et les concepts sont souvent très fortement fixés sur un domaine particulier. Les interactions sont trop peu prises en compte ou délibérément ignorées. Grâce à un bon marketing, de nombreuses idées et concepts parviennent malgré tout à s'imposer. De nombreux calculs d'utilité sont purement économiques et ne tiennent pas compte de l'économie nationale, et encore moins de l'intérêt de tous les habitants de la planète. Les bénéfices sont volontiers empochés, les coûts consécutifs aux dommages environnementaux ou de santé sont ensuite à la charge de la collectivité.

Seul un changement de mentalité peut modifier cette situation. Ce changement de mentalité a déjà en partie lieu et la durabilité joue un rôle de plus en plus important. Mais dans de nombreux domaines, il existe encore un grand potentiel d'amélioration.

Prendre en compte le plus grand nombre possible de contextes est laborieux et prend beaucoup de temps. C'est pourquoi »Humanité 10.0« souhaite lancer les réflexions à un stade précoce et non pas seulement lorsque les problèmes se font sentir. Si nous nous concentrons sur les choses importantes, nous avons suffisamment de temps pour prendre en compte le contexte et l'optimisation des solutions.

La vision actuelle d'une croissance quantitative constante n'est plus tenable. Une amélioration de la qualité est nécessaire dans de nombreux cas et judicieuse. Une bonne qualité est source de satisfaction, protège l'environnement et assure notre existence.
Nous avons également besoin d'une qualité élevée dans la prise en compte des interdépendances et, de manière générale, dans l´»Humanité 10.0«.

Pour 4.) Estimation de la situation actuelle

Il n'est pas toujours facile de faire des estimations objectivement correctes et compréhensibles. D'une part, les informations nécessaires manquent souvent au début, d'autre part, la réalité est souvent déformée.

Se procurer le plus d'informations correctes possible est l'une des tâches de la troisième étape, qui consiste à prendre en compte le plus grand nombre possible de corrélations. Mais le temps et les ressources sont limités. Il est possible d'obtenir des estimations correctes. Mais il y a plusieurs façons d'y parvenir.

Il est possible de faire une analyse statistique de nombreuses estimations rapides et utiliser les résultats obtenus. Ou alors, beaucoup d'informations sont rassemblées, peu de lacunes dans les connaissances sont admises et on prend le temps de réfléchir de manière approfondie. Nous utilisons certainement les deux.

C'est là qu'intervient un principe de l´»Humanité 10.0«. Les critères de décision ont été choisis avec les 5 points pour être aussi simples que possible. Ainsi, il est possible que la "pensée rapide" et la "pensée lente" lors de l'évaluation de la situation / tendance choisie soient prises en compte. Cela permet d'avoir une vision beaucoup plus large et correspond à notre comportement de pensée normal.

Quelques mots sur la procédure. Tout d'abord, on demande comment la situation choisie a un impact sur les 5 points.
La situation, l'état, l'activité ... a un impact positif ou négatif sur :

- Toute l´humanité,
- La communauté,
- L´homme,
- Le milieu,
- L'environnement global.

Les réponses sont collectées. Pour pouvoir faire des estimations plus précises, une quantification est nécessaire.
Il s'agit donc d'une nouvelle étape intermédiaire. Il faut choisir des niveaux de quantification appropriés.

Par exemple, comme le montre l'illustration : "Appréciations sur la situation actuelle ", 3 niveaux négatifs et 3 niveaux positifs des échelons différents peuvent être choisis. Cela présente l'avantage d'avoir en même temps un niveau neutre. Si une priorité n'a pas d'importance, elle peut être évaluée comme non pertinente (neutre).

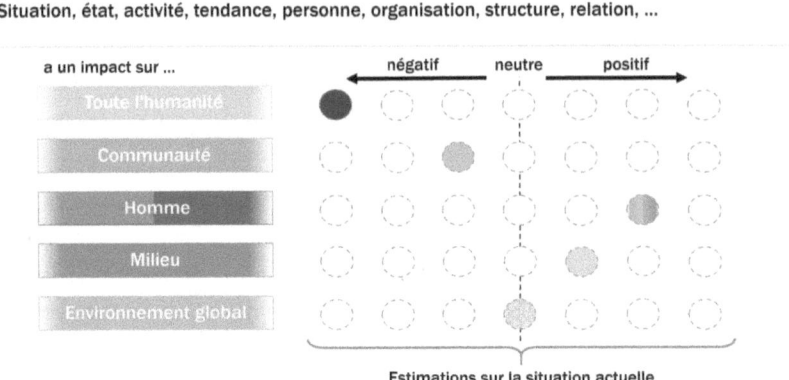

Figure 5 : *Appréciations sur la situation actuelle*

Il se peut que les niveaux choisis ne correspondent pas à la situation correspondant aux estimations pour la situation concrète.
Les niveaux doivent alors être adaptés une nouvelle fois.

L'objectif est en fin de compte d'obtenir la meilleure estimation possible.

Pour 5.) Évaluer les développements et les idées

L'état actuel de la situation n'est pas toujours décisif, mais les changements à venir peuvent être plus importants. C'est pourquoi le système de valeurs/d'évaluation de »Humanité 10.0« en tient compte.

La procédure est similaire à celle de l'évaluation actuelle d'un état de fait. Il suffit d'y ajouter d'autres évaluations sur l'état possible dans le futur. Pour cela, il faut définir les horizons temporels, les xx années à venir.

Contrairement à l'estimation de la situation actuelle, l'estimation des développements futurs ne peut pas se baser sur des données déjà existantes. Il se peut que l'on doive encore lancer une réflexion sur les évolutions futures. La possibilité de faire des déclarations fondées dépend en particulier des faits eux-mêmes. Malgré toutes les difficultés, les prévisions ont une valeur exceptionnelle, notamment pour pouvoir influencer les tendances à un stade précoce.

Comme on peut le voir sur l'image suivante : "Estimer les évolutions", ce qui est intéressant dans ces évaluations, c'est la tendance par priorité.

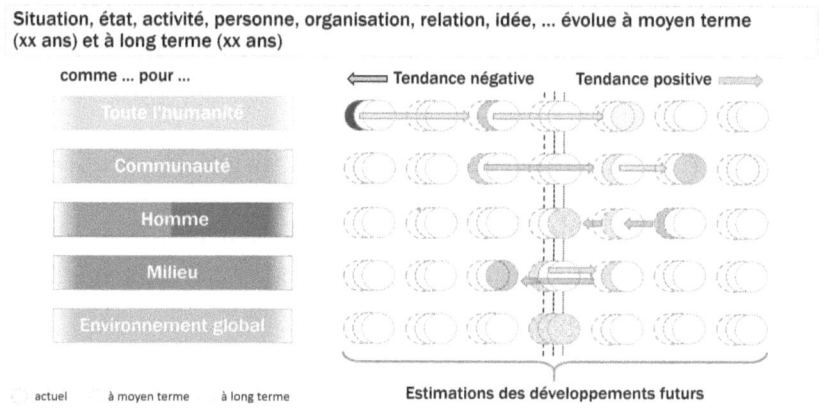

Situation, état, activité, personne, organisation, relation, idée, ... évolue à moyen terme (xx ans) et à long terme (xx ans)

comme ... pour ... ⇐ Tendance négative Tendance positive ⇒

Toute l'humanité

Communauté

Homme

Milieu

Environnement global

actuel   à moyen terme   à long terme   Estimations des développements futurs

Figure 6 : Estimer les développements

Il se peut qu'une situation soit actuellement jugée très positive, mais qu'elle évolue négativement. C'est une information importante, qui permet de prendre des mesures préventives justifiées.

Les évaluations de la situation actuelle sont déjà utiles. Mais pour un concept d'avenir comme »Humanité 10.0«, les tendances sont probablement encore plus importantes. Seul un travail scientifiquement fondé ("pensée lente"), associé à une grande puissance de calcul et intégrant l'"intelligence artificielle", permettra d'obtenir des résultats optimaux lors de l'évaluation des tendances.

Pour 6.) Définir des objectifs communs et trouver des solutions

Une fois que l'état actuel d'une situation est clair et qu'elle est susceptible d'évoluer, il est possible de réfléchir à des solutions d'amélioration qui peuvent être envisagées.

Les solutions peuvent être spontanées, grâce à la "pensée rapide", mais aussi systématiques, grâce à la "pensée lente". Le choix de la solution est toutefois un processus de décision important.
Celui-ci doit être fondé et les solutions doivent être logiques et durables. C'est pourquoi les décisions rapides ne sont pas appropriées, "penser lentement" est nécessaire.

Au plus tard lors du choix final des solutions, les intérêts des personnes ou des organisations jouent un rôle. Cela peut entraîner des retards et compromettre une évaluation impartiale. Toutefois, si une solution est objectivement correcte, aucune personne ne se mettra contre celle-ci.
Si des blocages extrêmes ou des retards trop importants surviennent, il convient toutefois de réfléchir à des solutions alternatives.

Pour 7.) Mise en œuvre de l'idée/des idées et suivi des progrès

Les idées ou les solutions potentielles doivent être mises en œuvre.

En outre, un suivi des progrès est indispensable.

Ce n'est pas différent pour les solutions évaluées par »Humanité 10.0« que pour les autres mises en œuvre. Il y a suffisamment d'expérience et de nombreux outils sont disponibles.

Même dans cette phase, la créativité, les idées pour une plus grande efficacité, sont toujours les bienvenues.

Le système de valeurs/d'évaluation

Dans le chapitre précédent "Procédure par état de fait/tendance", dans les sections "4. Estimation de la situation actuelle" et "5. Estimation des idées et des développements" ont déjà été mentionné sur le système de valeurs/système d'évaluation de »Humanité 10.0«.

Étant donné que les détails exacts de la manière dont le système de valeurs/d'évaluations de l´»Humanité 10.0« ne sont pas nécessaires à la compréhension générale, cette partie a été transférée dans l'annexe 1 "Détails du système de valeurs/d'évaluation". Nous présentons ci-dessous quelques éléments utiles à la compréhension de l´aspects du système de valeurs/d'évaluation.

Le système de valeurs/d'évaluation de »Humanité 10.0« se compose de deux parties.

La première partie comprend l'évaluation qualitative des faits, des tendances et des idées, en utilisant les priorités de »Humanité 10.0« comme critères d'évaluation. Ceci a déjà été décrit dans le chapitre précédent. L'évaluation qualitative donne une bonne vue d'ensemble et aide à identifier les faits, les tendances et les idées importantes.

Le système de valeurs/d'évaluation doit cependant remplir d'autres fonctions et être utilisable dans la pratique. Pour ce faire, il faut que les évaluations des faits, tendances et idées conduisent à une quantification.
C'est précisément cette quantification qui est décrite dans l'annexe 1 : "Détails du système de valeurs et d'évaluation".
A cet endroit, on trouve quelques éléments clés sont mentionnés.

Pour chaque fait/tendance, il y a les cinq priorités :

- Toute l´humanité,
- La communauté,
- L´homme,
- Le milieu,
- L'environnement global.

L'importance des priorités pour chaque fait/tendance est mise en relation de manière appropriée au moyen de facteurs.

Pour chacune des cinq priorités, une évaluation est effectuée pour :

- La situation actuelle,
- L'évolution à moyen terme,
- L'évolution à long terme.

Afin de pouvoir varier l'importance des moments d'évaluation, des facteurs sont également prévus pour ces moments.

Comme les faits/tendances n'ont pas la même importance pour les sociétés, ils doivent être harmonisés entre eux. D'autres facteurs sont prévus à cet effet.

Des situations particulières, comme la "pandémie Corona", entraînent des changements de priorité. Cela concerne aussi bien les priorités d'évaluation que les moments d'évaluation. Il est judicieux de régler ces modifications à l'aide de facteurs.

Cette brève description montre déjà qu'il n'est pas facile d'obtenir des évaluations réellement quantifiées et utilisables. Le développement du mécanisme d'évaluation définitif occupera encore de nombreux experts. Nous pouvons toutefois supposer qu'il ne s'agit pas d'une tâche impossible.

Il existera un système de valeurs/évaluations qui fournira des informations quantifiées, qui évaluera quels faits / tendances sont importants pour nous, les humains.

Les valeurs spécifiques des faits/tendances étant mises en relation les unes avec les autres par le biais de facteurs, il en résulte des unités de valeur universellement valables.
Nous les appellerons »Points Humanité«.

Les exemples suivants illustrent encore une fois les résultats possibles des évaluations.

Il existe un grand nombre de »Points Humanité« pour des faits/tendances très importants et évalués de manière très positive.
Comme nous l'avons déjà décrit dans le chapitre précédent, des

évaluations neutres sont possibles.

Il n'y a par exemple pas de points en cas d'absence d'importance de l'évaluation.

Dans le système de valeurs/d'évaluation proposé, il est également possible d'avoir des »Points Humanité« négatifs. Les valeurs très importantes et des faits/tendances évalués très négativement reçoivent par conséquent, un grand nombre de »Points Humanité« négatifs.

Toutes les autres évaluations se situent entre les extrêmes positifs et négatifs. Les faits/tendances peuvent donc être positifs ou négatifs en fonction de l'évaluation »Points Humanité«.

Au plus tard après l'évaluation quantifiée, on sait clairement quels sont les faits/tendances décisifs pour nous les humains et qui doivent donc être prioritaires.

Si des faits/tendances ont une certaine valeur, en »Points Humanité«, il en résulte d'autres applications possibles. L'application la plus importante est de relier des faits/des tendances avec des personnes et des organisations.

Un exemple permet d'illustrer les explications données jusqu'à présent. Une entreprise respecte une valeur limite environnementale. Cette valeur limite environnementale est l'état de fait. L'évaluation de la situation actuelle donne la réalisation de la conformité, c'est-à-dire qu'elle n'est ni positive ni négative. Il n'y a pas de »Points Humanité« pour cela.

L'entreprise investit pour réduire les polluants. A moyen terme, les polluants seront réduits à moitié de 30%, et à long terme de 50% supplémentaires. L'entreprise reçoit donc des »Points Humanité« pour les améliorations à moyen et long terme.

Il en résulte plusieurs effets positifs.

L'effet principal est la réduction des polluants. Comme il est clair qu'il n'y a de »Points Humanité« que pour des prestations positives, la réputation de l'entreprise auprès du public s'améliore.

Les »Points Humanité« représentent en outre une valeur. Il est utile de le reconnaître socialement, par exemple sous forme de facilités pour l'investissement.

Le respect des objectifs à moyen et long terme est contrôlé comme une promesse faite.

Considérons ce cas dans notre contexte actuel. D'un point de vue économique, il n'est pas judicieux d'investir puisque les valeurs limites sont déjà respectées. Si les valeurs limites ne sont pas modifiées de sorte que des sanctions soient prévues à l'avenir, les entreprises n'investiront pas. L'investissement ne serait "pas rentable".

Relier les »Points Humanité« aux personnes et aux organisations présente donc des avantages décisifs.

Les personnes et les organisations peuvent par exemple être comparées plus objectivement les unes aux autres, et l'on sait que la concurrence est importante pour faire avancer les développements.

Si cette concurrence est assurée par un système de valeurs/d'évaluation réfléchi et transparent, la confiance des gens augmente également.

Les »Points Humanité« sont nouveaux. Il en résulte donc d'autres aspects intéressants.

Les »Points Humanité« peuvent être utilisés directement pour atteindre des objectifs sociaux nouvellement définis ou prioritaires.

Les »Points Humanité« ne sont créés qu'en cas d'effets positifs pour les personnes. Chaque »Point Humanité« a donc une valeur sociale directe.

Les »Points Humanité« pourraient ainsi servir de "monnaie de création de valeur".

Les personnes/organisations qui ont reçu les »Points Humanité« pourraient alors ensuite les échanger contre des prestations exclusives, par exemple. Les avantages possibles pour les organisations dépendent fortement du type d'organisation.

Un autre avantage de »Humanité 10.0« peut être illustré par l'exemple suivant. Selon les calculs effectués jusqu'à présent, les objectifs de réduction des émissions de CO_2 ne seront probablement pas atteints. Pour atteindre les objectifs, il faudrait que les pays industrialisés tous, sans exception, collaborent et réduisent leur consommation d'énergie plus de 50 %. Un système d'incitation spécialement conçu pour atteindre cet objectif est certainement une bonne chose.

Mais jusqu'à présent, le commerce de "certificats de pollution atmosphérique" n'a malheureusement pas eu l'effet escompté.

Il manque aussi bien la volonté à fixer un prix approprié pour la pollution atmosphérique que l'implication directe de tous.

La pollution de l'air n'est pas notre seul problème. Il y a le plastique dans la mer, la contamination des sols et bien d'autres choses encore.

Voulons-nous vraiment prévoir un mécanisme pour chacun des problèmes de l'humanité ?

Pouvons-nous demander aux gens de se confronter sans cesse à de nouveaux problèmes et à leurs différents mécanismes de résolution ?

Ou bien ne serait-ce pas une approche globale comme le système de valeurs/système d'évaluation de l'»Humanité 10.0« une meilleure alternative ?

Dans la suite de l'ouvrage, nous nous penchons encore plus sur les possibilités et les avantages de »Humanité 10.0« et du système d'évaluation de valeurs/d'évaluation.

Malgré toute l'euphorie et l'optimisme que suscitent les solutions potentielles, il ne faut pas perdre de vue les abus possibles de l'»Humanité 10.0«. Ceux-ci existeront toujours. Nous avons cependant suffisamment d'expériences avec d'autres systèmes pour prendre des précautions et, si nécessaire, mettre en place des sanctions efficaces.

»Points Humanité« et autres valeurs

Les évaluations quantitatives d'un fait donnent l'importance de ce fait pour nous, les humains. Une grande importance se traduit par de nombreux »Points Humanité«. Pour pouvoir comparer les faits les plus divers entre eux, on procède à des graduations.

Le système de valeurs/d'évaluation est reconstruit parallèlement à tout ce qui existe. Il peut être de manière cohérente et fonctionnera. Le système de valeurs/d'évaluation de l´»Humanité 10.0« ne sera alors qu'un des nombreux systèmes de valeurs/d'évaluation.

La plupart des systèmes de valeurs/d'évaluation ont été créés avec des critères d'évaluation spécifiques, par exemple, pour l'évaluation de produits, l'évaluation de prestations rendus, bouton "Like" dans les réseaux sociaux.

Ce qui est alors évalué, ce sont des faits au sens de l'»Humanité 10.0«". Toutefois, les évaluations actuelles ne suivent pas toujours des critères clairs et objectifs. Les "Likes", par exemple, sont parfois des évaluations très subjectives. L'importance d'un seul "Like" est désormais minime. Seule une masse de "Likes" présente un réel intérêt. D'autres dérives des "systèmes de valeurs/d'évaluation" existants sont les calomnies et les "shitstorms" ou les "dislikes" en masse. Il n'est pas rare que ceux-ci provoquent des incertitudes et des problèmes psychiques chez les personnes concernées.

Comme il est "reposant" d'avoir un système de valeurs/d'évaluation avec des critères clairement définis !

Certains systèmes de valeurs/d'évaluation existants peuvent être utilisés pour l'»Humanité 10.0«. Pour d'autres, il faut réfléchir à leur utilité ou procéder à des adaptations. Il est particulièrement impor-tant de veiller à ce que les critères soient ciblés et transparents.

Il existe des systèmes de valeurs/d'évaluation sociaux plus complets, par exemple pour les systèmes politiques et économiques, les groupes religieux, les courants idéologiques. Ils ont, comme »Humanité 10.0«, une orientation aussi globale sur une multitude de thèmes. Malheureusement, ces systèmes, leurs valeurs et leurs critères ne sont pas compatibles entre eux.

Les conflits naissent du fait que les systèmes sociaux sont en concurrence pour attirer les gens. La concurrence, en soi, n'est pas une mauvaise chose. Cependant, beaucoup trop de valeurs et de règles au service de l'être humain ne sont pas pris en compte.

La question se pose de savoir quel est le rapport entre le système de valeurs de »Humanité 10.0« et les autres systèmes de systèmes de valeurs/d'évaluation.

Le système de valeurs/d'évaluation de »Humanité 10.0« est un système ouvert et nouveau. Cela signifie qu'il n'y a pas (encore) de valeurs et de règles immuables. Il en résulte la possibilité de développer une tolérance basée sur les faits. Il ne s'agit pas "du principe", mais de trouver des solutions pour les Hommes.

Avec le système de valeurs/d'évaluation de »Humanité 10.0«, nous sommes en mesure de générer une vision vraiment nouvelle du monde. »Humanité 10.0« se concentre sur les faits et l'avenir. Les événements historiques, les idéologies, etc. ne jouent qu'un rôle secondaire.

Le système de valeurs/d'évaluation de »Humanité 10.0« est ouvert aux autres systèmes de valeurs et d'évaluation. Il a par exemple la croyance "en une puissance supérieure", qui n'est pas vu comme critère, mais il n'exclut pas non plus que la foi et la religion puissent être utiles.

Bien que le système de valeurs/d'évaluation de l´»Humanité 10.0« soit ouvert et flexible, il a néanmoins des idées claires sur les valeurs qui sont importantes. Les valeurs doivent être au service de l'homme.

L'orientation des valeurs est définie par les 5 priorités et mise en œuvre par des questions ouvertes.

Est-ce que la situation, l'état, l'activité, l'idée ... est positive ou négative pour :

- Toute l'humanité,
- La communauté,
- L´homme,

- Le milieu,
- L'environnement global ?

En principe, »Humanité 10.0« n'invente pas de nouvelles valeurs.
Il analyse et évalue si les valeurs existantes ont un effet positif ou
négatif. Les systèmes de valeurs et d'évaluation existants sont
donc influencés directement ou indirectement.
Dans le cadre d´»Humanité 10.0«, les systèmes de valeurs/d'évaluation, tout comme »Humanité 10.0« elle-même, sont des faits, qui
sont évalués. Avec »Humanité 10.0«, la concurrence est en quelque
sorte stimulée afin que les systèmes existants continuent à se développer. Alors que les valeurs non viables perdent du terrain, les valeurs positives sont renforcées.

»Humanité 10.0« a le potentiel de renforcer la cohésion sociale
entre les hommes et, grâce à son système de valeurs/d'évaluation,
de promouvoir de manière ciblée des développements positifs.
Il peut servir de plus petit dénominateur commun et d'élément de
liaison pour les nombreux systèmes sociaux et communautés
différents.

Si l'argent manque à quelqu'un en tant que valeur, cette réflexion
peut l'aider : l'argent en soi n'a pas de valeur objective. L'argent sert
en quelque sorte d'outil pour l'échange de biens, de services et de
valeurs réelles. Malheureusement, même les valeurs humaines au-
thentiques (par exemple la moralité) sont achetées et vendues avec
de l'argent. Tout le monde connaît le lien entre l'argent et le meurtre,
la corruption, l'oppression et bien d'autres choses encore. C'est possible, car l'argent n'a aucun lien moral.

Tout le monde ne sera pas immédiatement d'accord avec l'affirmation de l'absence de valeur de l'argent. Mais souvenons-nous de
"l'exemple du désert" dans le chapitre "Principes". Un sac d'argent
ne suffirait pas à étancher la soif dans le désert.

La crise de Corona est également un bon exemple qui montre que
l'argent a tout au plus une valeur relative.
Des milliards d'euros, de dollars ont été injectés à un rythme

mensuel dans le marché. Des individus et des organisations ont fixé et fixent plus ou moins la valeur et la répartition à leur guise. Ce n'est pas la seule raison pour laquelle la valeur de l'argent est même relativisée en haut lieu.

D'ailleurs, la plus grande partie de "l'argent frais" est utilisée pour la spéculation sur le marché des capitaux. L'humanité a connu toucher le fond et les bourses ont atteint de nouveaux sommets, quelle perversion !

Les »Points Humanité« peuvent être utilisés comme une sorte de "monnaie alternative" orientée vers l'avenir. Ils ne sont créés que lorsque des faits sont clairement positifs pour les humains et l'environnement. Il existe une véritable contre-valeur pour chaque »Points Humanité« créé.

Aujourd'hui, quand on fait tourner la planche à billets, il n'y a pas de contre-valeur, mais une dévalorisation de l'argent en circulation.

Cela est particulièrement problématique parce que les personnes économes et respectueuses des ressources sont "punies".

Les »Points Humanité« peuvent, par le biais de critères choisis être associés à des valeurs morales.

Cela devrait être intéressant non seulement pour nous, les humains, mais aussi pour de nombreuses organisations.

Différents aspects des »Points Humanité«

Avant que les »Points Humanité« ne soient associés à des personnes et à des organisations, il est nécessaire de clarifier un certain nombre de choses.

Un système de valeurs/d'évaluation qui ne fonctionne qu'avec une "reconnaissance par la main" peut, dans certaines circonstances, bien fonctionner pendant un certain temps. A long terme, peu (trop) de personnes se sacrifieront sans avoir au moins la perspective d'être reconnues.

Lorsque des motivations fortes sont nécessaires pour tous les groupes de personnes et que des effets doivent être obtenus rapidement, il faut trouver des solutions qui offrent une contrepartie ou un effet de récompense. Au cours des dernières décennies en particulier, nous, les humains, nous sommes focalisés sur les systèmes de contrepartie.

On peut se demander s'il s'agissait (s'agit) d'une bonne évolution, mais on ne peut pas ignorer les attentes actuelles de la grande majorité des gens. Si l'on regarde dans notre vie il existe de toute façon de nombreux mécanismes de récompense et de contrepartie, parfois cachés.

Le système de valeurs/d'évaluation de »Humanité 10.0« n'est pas, à la base, un système de contre-valeur. Il mettra en évidence, ce qui est positif et ce qui est négatif pour nous, les humains. Ces résultats d'évaluation peuvent eux-mêmes conduire à des prises de conscience et déclencher des réactions. »Humanité 10.0« favorise la transparence et l'orientation vers des objectifs. Ces effets représentent déjà des valeurs pour les sociétés.

La mise en œuvre des conséquences des connaissances qualitatives acquises dans le cadre d'»Humanité 10.0« est réservée dans un premier temps aux systèmes de valeurs/d'évaluation existants. Mais dès que des évaluations quantitatives du système de valeurs/d'évaluation de »Humanité 10.0« seront disponibles, de nombreuses autres possibilités s'ouvriront.

Comme »Humanité 10.0« est un concept d'avenir pour tous les hommes il doit prendre en compte tous les aspects différents et parfois contradictoires (positives et négatives) de chacun d'entre nous, êtres humains.

Afin d'impliquer le plus grand nombre de personnes possible, le système de valeurs/d'évaluation de »Humanité 10.0« comporte une partie "récompenses" et une partie "contreparties". Toute personne qui participe activement à la création de valeur pour nous, les êtres humains, doit recevoir (ou doit pouvoir recevoir) une contre-valeur sous forme de »Points Humanité«.

Pourquoi pouvoir recevoir ?

Celui qui s'engage exclusivement pour des raisons morales ou personnelles peut bien entendu est libre de s'engager pour la société. La réception de »Points Humanité« peut être refusée. Mais il serait peut-être même préférable de donner les points reçus à d'autres projets d'utilité publique.

Avec ce dernier point, nous sommes déjà au milieu de la réflexion sur ce que les »Points Humanité« doivent apporter et comment ils sont liés à d'autres valeurs et dans quelles circonstances.

Promouvoir la transparence et la connaissance est déjà une interactivité. Dans »Humanité 10.0«, les valeurs d'autres systèmes sont également évaluées, selon qu'elles ont des effets positifs ou négatifs pour nous, les humains.

Mais quel est le rapport quantifiable entre les »Points Humanité« avec d'autres valeurs ?

Comment les »Points Humanité« sont-ils liés aux acteurs, aux personnes et organisations ?

»Points Humanité« pour les personnes/organisations

Pour les considérations qui suivent, nous partons du principe que le système de valeurs/d'évaluation de »Humanité 10.0« est raisonnable et objectivement correcte, et que les »Points Humanité« ont une valeur sociale appropriée.

Une fois que l'on sait combien de »Points Humanité« sont attribués et pour quelles prestations, il est possible de les mettre en relation avec des personnes et des organisations. Tant les personnes que les organisations peuvent obtenir des »Points Humanité« en fournissant les prestations requises ou le respect de certains critères.

Dans la phase d'introduction en particulier, il serait souhaitable que le volontariat soit privilégié. Les personnes et les organisations pourraient collecter des »Points Humanité« pour, par exemple :

- Travailler de manière ciblée pour le bien de l'humanité,
- Présenter les services rendus à la société,
- Améliorer une image négative,

Et si des contre-valeurs sont déjà définies :

- Recevoir des prestations de la société,
- Occuper des postes élevés dans la société.

Le succès des systèmes basés sur le volontariat dépend en grande partie de la capacité à motiver de manière convaincante. Il est donc indispensable que le volontariat soit assorti de contreparties attrayantes.

Malheureusement, il n'y a pas que de bonnes expériences avec le volontariat. C'est ainsi qu'entre en jeu un autre processus qui utilise des définitions concrètes.

On pourrait ainsi imaginer que chaque organisation doive atteindre un nombre minimum de »Points Humanité«. Cela pourrait être confirmé par une certification. Les organisations s'y connaissent en matière de systèmes de ce type. Les normes ISO, par exemple, définissent la procédure et les critères d'évaluation des systèmes de gestion et les certifications environnementales. Si une telle approche est choisie pour les »Points Humanité«, les organisations peuvent la gérer elle-même. La condition préalable est toutefois que des critères d'évaluation soient disponibles.

Les systèmes obligatoires permettent d'exercer une plus grande pression afin d'atteindre plus rapidement certains objectifs.

Pour les personnes, un système de certification obligatoire n'est certainement pas adapté et ne correspondrait pas aux principes de l´»Humanité 10.0«.

Néanmoins, il est possible que pour l'exercice de fonctions sociales importantes au sein d'organisations importantes un certain nombre de points minimum »Points Humanité« doit être atteint. Comme de véritables prestations doivent être fournies, la position correspondante serait même revalorisée.

Il convient de faire une déclaration générale sur l'évaluation de personnes. Le système de valeurs et d'évaluation de »Humanité 10.0« met l'accent sur l'évaluation d'idées et de faits, des tendances et des idées importants pour l'être humain. Bien que les faits et tendances décisifs pour les sociétés sont fortement influencés par les organisations, l'attribution de »Points Humanité« aux personnes est importante. Plus de personnes et d'organisations participent à »Humanité 10.0«, plus les effets positifs sont importants.

De nombreuses personnes sont effrayées lorsqu'il s'agit d'évaluations. Pourtant, des évaluations ont lieu en permanence. Lors de compétitions, les gens y participent de manière organisée. Les "likes" sur internet et les évaluations des performances au travail vont de soi. Même dans la sphère privée, les comparaisons sont omniprésentes.

Des évaluations fondées et réglementées sont en tout cas une meilleure solution que des contre-vérités basées sur des évaluations anonymes des shitstorms et le mobbing.

Si le système de valeurs/d'évaluation de l´»Humanité 10.0« est un système fiable, basé sur des faits établis, il pourrait y avoir d'autres effets positifs.

La troisième partie de ce livre décrit l'approche et les effets de l'évaluation de l'»Humanité 10.0« à l'aide d'exemples.

Dans le prochain chapitre, il y aura d'abord quelques réflexions, sur comment les conditions-cadres pour les »Points Humanité« peuvent être élaborées

Organiser des »Points Humanité«

Même si cela ne sera pas facile, nous pouvons certainement nous mettre d'accord sur les faits importants pour les humains et les quantifier en fonction de leur importance. Nous avons suffisamment d'expérience dans l'utilisation de systèmes d'évaluation et de points. Il y aura donc un mécanisme qui fonctionnera en soi, qui permet d'obtenir des »Points Humanité«.

Mais une solution isolée n'est ni réaliste ni judicieuse. Pour le système de valeurs/d'évaluation de l´»Humanité 10.0«, il faut tenir compte d'autres contextes, des réflexions supplémentaires, qui doivent être prises en compte.

Étant donné que l'argent joue un rôle dans de nombreux systèmes de points, une question se pose automatiquement : Quel est le rapport entre les »Points Humanité« et l'argent ?

La réponse n'est pas simple et dépend de l'audace avec laquelle nous voulons d'introduire les »Points Humanité«.

Tout d'abord, les »Points Humanité« ne pourront et ne voudront pas remplacer l'argent. L'argent lui-même n'est de toute façon pas le problème, mais plutôt la répartition inégale de l'argent et des propriétés.

Tournons-nous d'abord vers la question de savoir à qui appartiennent les »Points Humanité« acquis. Ces points appartiennent à toute personne ou organisation, qui reçoivent les »Points Humanité« en raison de leur performance. C'était simple et on pouvait le supposer. Mais d'innombrables autres liens, qui restent à clarifier, apparaissent. Nous allons en examiner quelques-uns de plus près.

Les »Points Humanité« résultent de l'évaluation des faits, de tendances et d'idées. La valeur d'un »Point Humanité« est la même pour toutes les personnes ou organisations. Ainsi, il serait non seulement possible d'échanger des »Points Humanité« entre des personnes et ou entre des organisations, mais un échange entre des personnes et des organisations et inversement est aussi envisageable,

Mais le voulons-nous ?

On pourrait imaginer que les »Points Humanité« existent sous deux formes, une variété pour les personnes et une autre pour les organisations. Les deux variétés ne peuvent pas être échangées ou transférées entre les groupes. Il en résulte des facilités pour les évaluations. Il n'est pas nécessaire de comparer les performances des personnes et des organisations entre elles.

Si les »Points Humanité« étaient exclusivement associés directement à une personne ou à une organisation ayant fourni la prestation, on obtiendrait un système de valeurs/d'évaluation très sûr. Il n'y aurait aucune possibilité que des personnes ou des organisations puissent dérober leurs »Points Humanité« à d'autres. L'expérience et la technologie d'un tel système existent déjà.

Il existe d'autres aspects intéressants dans le cas d'un lien fixe entre les »Points Humanité« et les personnes et organisations. Par exemple, les »Points Humanité« pourraient disparaitre en cas de décès de la personne ou à la disparition de l'organisation. Ainsi, il n'y aurait pas de prolifération inflationniste des »Points Humanité«.

De plus, chaque personne et chaque organisation devrait s'efforcer d'obtenir ses »Points Humanité« et ne pourrait pas simplement en "hériter" sans avoir fourni d'efforts personnels. Les points mentionnés conduiraient à une solution très équitable. Celui qui accomplit quelque chose en retire quelque chose - tant qu'il "existe". Il y aurait une différence nette et positive par rapport à l'argent. Il n'y a pas de critère K.O. pour une telle solution.

La solution décrite est une solution nouvelle et relativement autonome de gestion des »Points Humanité«.

Remettons maintenant l'argent en jeu.

De nombreuses personnes voudront s'accrocher à des "acquis" historiques. Bien que l'existence de l'argent et les possessions antérieures n'est pas remise en question, beaucoup vont peut-être, par crainte ou par commodité, refuser l'introduction de »Points Humanité« dans un premier temps. Il n'y a certes pas beaucoup d'arguments valables pour un refus, mais nous devons nous pencher sur la question. Examinons donc ces défis de plus près.

Une difficulté majeure vient du fait que beaucoup de ceux qui ont des biens et du pouvoir ne veulent pas les céder.

Mais cette affirmation n'est que partiellement vraie. Si l'on se réfère aux aspects du développement personnel décrits dans le chapitre "Faits et tendances", il ne manque peut-être qu'une seule possibilité ou motivation pour le développement personnel. Il existe de nombreux exemples où les riches et les puissants se souviennent qu'ils font partie d'une grande communauté et qu'ils doivent faire quelque chose pour elle. Le fait d'acquérir de nombreux »Points Humanité« et d'agir ainsi pour la société, est peut-être un fait intéressant et dans tous les cas un développement de la personnalité.

Un intérêt plus grand encore que celui des riches et des puissants, est celui des groupes de personnes qui "ont reçu quelques miettes du grand gâteau". Ceux-là pensent être "riches", parce qu'ils peuvent s'offrir quelque chose de temps en temps. Mais lorsqu'ils ont, plus tard, réfléchit à leur pouvoir réel, cela devient vite relatif. Ce grand groupe comprend plusieurs millions de personnes. Ils ont acquis leurs biens, la plupart du temps, par leur travail. Ce groupe crée beaucoup de valeurs pour les communautés et serait probablement le plus grand bénéficiaire de l´»Humanité 10.0«.

Pour la plus grande partie des gens, ceux qui ont (trop) peu, les avantages de l´»Humanité 10.0« sont également considérables. Dans le nouveau système de valeurs et d'évaluation, ils auraient tout à coup une véritable position d'égalité. Personne n'aurait de »Points Humanité« au départ et leur acquisition serait soumise aux mêmes critères.

Une contrepartie de la société pour un certain nombre de »Points Humanité« pourrait être une sorte de "sécurité de base".

Cela permettrait de motiver le grand groupe de personnes qui ont (trop) peu à s'impliquer davantage dans la société. Ils pourraient trouver un sens à leur vie et même prendre un nouveau départ.

La société, quant à elle, aurait l'avantage de "se reconnecter" à es personnes.

Mais revenons au présent et donc au "pouvoir" de l'argent.

Que les prises de conscience soient déjà là ou pas encore, le fossé entre riches et pauvres doit à nouveau se réduire pour éliminer les tensions sociales. Si nous nous en tenons au système de l'argent, il faudrait, à l'avenir, que l'argent soit transféré des riches vers les pauvres. Est-ce un scénario réaliste ? Quel serait l'intérêt pour les riches de donner leur argent aux pauvres à grande échelle ?

»Humanité 10.0« pourrait être une motivation. Lorsque les riches donnent leur argent, ils reçoivent des »Points Humanité«.
Ce n'est pas juste, ce serait une objection possible.
C'est vrai - ce n'est pas aussi juste que la variante décrite précédemment. Dans ce cas, chacun doit d'abord gagner lui-même ses »Points Humanité«.
Mais ce ne serait pas aussi injuste qu'il n'y paraît. L'argent de nombreux riches est légalement (selon les règles sociales actuelles) en leur possession.
Le transfert de l'argent des riches vers les pauvres est mis en route avec une contrepartie motivante »Points Humanité« et l'argent peut être utilisé de manière plus judicieuse pour la société.
Une quantité suffisante d'argent permettrait également d'accélérer considérablement l'intégration d´»Humanité 10.0«

Le système de valeurs/d'évaluation de l´»Humanité 10.0« devrait répondre à une autre exigence. Il devrait y avoir une sorte de taux de conversion : pour yyy argent, il y aurait xxx »Points Humanité«.
Il faudrait bien réfléchir à la question de savoir si xxx »Points Humanité« devraient aussi donner yyy argent. Les »Points Humanité« pourraient devenir une sorte de "deuxième monnaie".
L'échange de »Points Humanité« contre de l'argent ne serait pas si grave. Chaque personne qui s'engage pour la communauté reçoit des »Points Humanité«. Il pourrait ensuite les échanger contre de l'argent, par exemple pour subvenir à ses besoins. Il serait toutefois préférable que la subsistance soit assurée directement par des »Points Humanité«.

Si les »Points Humanité« apportaient des avantages attractifs comme par exemple des prestations exclusives de la société ou des postes importants dans les organisations, ils seraient très appréciés. En appliquant des taux de conversion différents dans les deux sens, on disposerait d'un autre instrument de contrôle.

Un autre aspect intéressant de »Humanité 10.0« est la participation de tous les groupes.

En plus des personnes en bonne santé et performantes, il y a aussi celles qui ne peuvent gagner que peu (ou pas) de »Points Humanité«. Ils pourraient encore utiliser les »Points Humanité« qu'ils ont gagné, mais ne feraient en quelque sorte plus partie du système.

Il y aurait une possibilité intéressante d'inclure ce groupe dans »Humanité 10.0«. Nous allons expliquer comment à l'aide d'un exemple simple.

Une personne nécessitant des soins n'est pas en mesure d'acquérir elle-même des »Points Humanité« et de les utiliser ensuite pour la prestation sociale "soins". La société, la famille ou d'autres personnes s'occuperont de cette personne (espérons-le). Ceux qui fournissent la prestation "soins" reçoivent xxx »Points Humanité« pour cela, car c'est dans l'intérêt de la communauté.

Que se passerait-il si la personne soignée pouvait influencer un certain nombre de »Points Humanité« avec la prestation de "soins" fournie pour elle ?

Un soignant reçoit par exemple, pour chaque patient et chaque mois 100 »Points Humanité«. Si la personne soignée est satisfaite il reçoit jusqu'à 10 »Points Humanité« de plus, si elle n'est pas satisfaite, il reçoit jusqu'à 10 de moins.

Les personnes qui ne sont pas directement en mesure d'obtenir des »Points Humanité« pourraient travailler en tant qu'influenceur à la distribution de celle-ci. Participer à la répartition des »Points Humanité«. Est-ce utopique ?

Il existe déjà des mécanismes qui fonctionnent de cette manière.
Il est par exemple possible d'évaluer les hôpitaux ou les médecins.
Si les évaluations sont mauvaises, les patients sont moins nombreux à venir. A long terme, leur existence peut être menacée.

La grande faiblesse de ces évaluations est qu'elles sont en partie anonymes et sans conséquences pour les évaluateurs.

L'un des grands défis actuels et futurs est de garantir la sécurité des systèmes informatiques. Les manipulations doivent être exclues ou extrêmement difficiles. La sécurité des mécanismes utilisés dans »Humanité 10.0« est une priorité absolue. Aucun »Point Humanité« ne doit être créé sans raison, aucun ne doit être perdu ou "transféré". Cela ne fait toutefois aucun doute, que ces défis technologiques puissent être relevés.

Les personnes qui s'attaquent de manière très agressive ou manipulent le système de valeurs/d'évaluations pourraient en outre être sanctionné par une exclusion temporaire ou totale. Avec les règles systématiques et transparentes du système de valeurs/d'évaluation d'»Humanité 10.0«, on disposerait de nouveaux mécanismes.

Par ailleurs, tous les groupes de personnes peuvent participer à la conception, participer à »Humanité 10.0« et influencer ces règles.

Quels sont les autres contextes importants pour les »Points Humanité« ?

L'un des grands défis sera d'inclure les systèmes sociaux inflexibles, d'inclure les systèmes, les idéologies, les religions et tous ceux qui placent leurs systèmes et leurs modes de pensée au-dessus de ceux des autres.

Tant que l'homme existera, la "vérité" universelle n'aura pas été trouvée et cela ne changera pas. Au contraire, dès que des modes de pensée omniscients et puissants s'affrontent, les conflits se multiplient, se rencontrent, il en résulte de grands conflits, souvent des meurtres et assassinats.

C'est précisément pour cette raison que »Humanité 10.0« a été conçu comme un système neutre et flexible. Grâce à une évaluation objective et impartiale des faits, il est possible de trouver des compromis, d'organiser des compromis sans "perdre la face".

Sur la Terre, nous sommes confrontés à un grand nombre de défis qui concernent tous les êtres humains et nous ne pouvons les relever qu'ensemble, à l'échelle mondiale. Il faut au moins trouver une solution commune. Les faits les plus importants au niveau mondial doivent être évalués par le système de valeurs/d'évaluation de l´»Humanité 10.0«. D'autres sujets pourraient suivre au fur et à mesure. Comme on le voit, l'intégration du système de valeurs/d'évaluation est de l´»Humanité 10.0« peut être envisagée de différentes manières.

Celui qui s´intéresse de manière intensive à »Humanité 10.0», la manière dont les faits seront pris en compte pour l´évaluation et la manière dont la mise en œuvre sera effectué est encore ouvert. Différentes formes pourraient se développer, par exemple dans des régions ou pour des groupes de personnes, pays ou pour des groupes d'organisations.

Si les »Points Humanité« sont reconnus pour leurs effets positifs, ils devraient se généraliser. Ils finiront par s'imposer.

L'»Humanité 10.0« doit être organisée. Le système de valeurs /système d'évaluation doit fonctionner de manière sûre et il faut empêcher les abus et la destruction. L'existence de mécanismes de contrôle pour »Humanité 10.0« est extrêmement importante pour garantir l'efficacité de l'humanité et assurer l'efficacité d'»Humanité 10.0« et la continuité des améliorations.

En outre, une gestion intelligente est nécessaire afin de minimiser les conflits avec ce qui existe déjà. Cela ne signifie pas pour autant, qu'une nouvelle organisation puissante doit voir le jour.

Les changements nécessaires doivent toujours résulter des évaluations des faits et que nous, les êtres humains, nous le souhaitons.

Nous quittons maintenant le vaste sujet de l'intégration de l´»Humanité 10.0« dans les sociétés.

Dans la 4e partie "Introduire l'»Humanité 10.0«", nous aborderons d'autres thèmes. Des aspects intéressants sont abordés.

Dans la partie suivante, "Comment agit »Humanité 10.0«", nous nous penchons sur quelques exemples. D'abord quelques exemples de la manière dont »Humanité 10.0« et les valeurs le système de valeurs/d'évaluation peuvent déployer leurs effets.

Partie 3 : Comment agit »Humanité 10.0«?

Remarque sur les exemples ci-dessous

Pour trouver des solutions optimales pour l'avenir, il faut prendre en compte le plus grand nombre possible de conditions - même celles dont nous n'aimons pas parler ou qui sont inconfortables pour nous.

Afin de ne pas donner lieu à des interprétations négatives, nous nous tenons à préciser une nouvelle fois ce qui suit.
»Humanité 10.0« est destiné à tous les êtres humains et soutient les droits humains, c'est-à-dire les droits de l'Homme.
Ces droits de l'Homme et bien d'autres choses encore nous unissent tous. Cependant, nous sommes également différents individuellement. Cette variabilité a assuré la survie des êtres humains pendant des millénaires et sera également prise en compte dans »Humanité 10.0«. Mais l'accent est mis sur le fait de relier les gens entre eux.

Dans les exemples qui suivent, il s'agit de considérer les faits de la manière la plus objective possible et de lancer des discussions sur les potentiels d'amélioration.
Il n'est pas exclu que les faits soient liés à des personnes et à des organisations. Les personnes et les organisations ne doivent cependant pas se sentir agressées par »Humanité 10.0«, mais plutôt saisir l'opportunité de se repositionner.
L'un des principaux objectifs d'»Humanité 10.0« est de stimuler et d'encourager les performances pour le bien de la communauté. Il s'agit de stimuler la collaboration et d'unir les forces.

La peur est une forte motivation pour l'homme.
»Humanité 10.0« ne veut certes pas motiver par la peur, mais l'un ou l'autre fait objectif peut actuellement effrayer.

Dans un premier temps, aucune sanction n'est prévue. Les êtres humains n'ont malheureusement jamais pu se passer de sanctions jusqu'à présent. Au cours de la conception de »Humanité 10.0«, les sanctions peuvent encore jouer un rôle.

Il doit exister des possibilités de défense contre les attaques. Les sanctions et la défense des valeurs ne sont toutefois pas abordées dans les exemples suivants.

Dans les chapitres suivants, quelques exemples avec différents priorités illustrent les différentes approches afin d'aborder différentes situations et de mettre en évidence les courants de pensée.

Si les exemples suivants laissent des questions en suspens, vous pouvez trouver des réponses sur le site Internet *www.humanite10.org* sous la rubrique "Questions et réponses".

Exemple : constantes de temps

Un grand potentiel de l'»Humanité 10.0« réside dans la possibilité de mieux harmoniser les constantes temporelles incompatibles entre elles des faits les plus divers. Il résulte du fait qu'il s'agit de faits objectifs et logiquement compréhensibles.

Pour tous ceux qui ne connaissent pas immédiatement les constantes de temps, voici une brève explication. Comme son nom l'indique, le temps est l'une des variables prises en compte. L'autre grandeur est la modification d'un état de fait. La constante de temps permet de mesurer à quel point la vitesse à laquelle quelque chose peut changer / change.

Un problème très fréquent est que la vitesse de changement attendue d'un fait ne correspond pas à la vitesse de changement réellement possible. On peut l'observer partout.

Par exemple, les progrès attendus dans les grands projets de construction ne correspondent souvent pas aux progrès réalisables.

Tant que tout le monde en est conscient et que l'écart entre les attentes et le résultat n'est pas trop important, une telle approche n'est pas concluante, mais elle n'est pas non plus directement nuisible. Malheureusement, il existe de nombreux cas où les différences sont trop importantes.

Dans la première partie, nous avons déjà évoqué l'exemple du "*trading à haute fréquence*" sur les marchés boursiers. Cet exemple se prête parfaitement à la visualisation, car les durées respectives sont extrêmement éloignées. Rappelons que les évolutions à long terme des entreprises (de plusieurs mois à plusieurs années) correspondent des évaluations à court terme sur les marchés boursiers (de quelques millisecondes à quelques heures).

La critique du trading à haute fréquence et les propositions de changement existent depuis longtemps. Il ne s'agit pas d'un exemple spécialement construit pour l´»Humanité 10.0«. Examinons quelques aspects.

Pendant la pandémie Corona, les gens ont fait don de puissance de calcul pour soutenir la recherche dans la lutte contre le virus.

Indépendamment de l'utilité pratique de cette mesure dans cette situation, les gens ont fait un geste et ont indirectement exprimé une attente.

Pendant la pandémie de Corona, la bourse a continué à fonctionner, à l'exception à quelques restrictions près, bien que pour de nombreuses personnes, entreprises et communautés, rien n'était plus normal. Mettre également la bourse en quarantaine, n'aurait peut-être pas été une mauvaise idée.

Pour l'avenir, des puissances de calcul commutables permettant de réagir immédiatement aux crises auraient été une bonne idée. Une prévention judicieuse consisterait à lutter immédiatement contre les crises. On arrêterait par exemple la bourse et on utiliserait la puissance de calcul à d'autres fins, au lieu de continuer de "jouer" sur le marché des actions.

Rien qu'en y réfléchissant, on se rend compte à quel point certaines priorités sont douteuses. Notre premier exemple montre comment l'analyse et l'évaluation des faits au moyen de l´»Humanité 10.0« permettent de mieux définir les priorités. Ce changement d'approche met en évidence les potentiels d'amélioration qui se trouvent dans ce qui est (soi-disant) "important pour le système".

Il ne sert à rien d'attribuer constamment des estimations et des mesures à court terme à des évolutions à long terme. Notre site illustre très bien cette approche erronée, car il est transparent et facile à comprendre.

Rappelons-nous tout d'abord les étapes de la démarche par faits.

1. Stimuler la réflexion, premières estimations,
2. Recueillir des idées d'amélioration,
3. Prendre en compte les interactions,
4. *„Utiliser les priorités de l'»Humanité 10.0« comme critères d'évaluation de l'état actuel,*
5. *„Utiliser les critères d'évaluation pour évaluer les développements connus ainsi que des idées pour évaluer leur impact"*

6. Définir ensemble des objectifs et trouver des solutions,
7. Mettre en œuvre la ou les idées et contrôler les progrès.

Pour 1.) Stimuler la réflexion, premières estimations

Les faits :

- Le trading à haute fréquence génère des changements de valeurs rapides de l'ordre de la milliseconde.
- Les évaluations de grandes entreprises, organisations, des matières premières, etc. sont négociées.
- Les grandes organisations, les matières premières et ainsi de suite ont de très longues périodes d'évolution / de changement.
- Les temps de négociation courts ne correspondent pas aux temps de changement long.
- Le trading à haute fréquence nécessite une puissante infrastructure, notamment de grandes puissances de calcul avec une consommation d'énergie élevée.
- La nécessité du trading à haute fréquence n'est pas évidente à comprendre pour une personne normale.
- Les variations rapides de valeur mettent en danger le système financier ainsi que les organisations et les développements évalués.

Susciter la réflexion et procéder à une première évaluation :

Le point positif du trading à haute fréquence est qu'

- on a investi dans des technologies qui peuvent être partiellement utilisées dans d'autres domaines. ;
- …

Le point négatif du trading à haute fréquence est que

- la vitesse de négociation ne correspond pas aux conditions réelles ;

- l'exploitation de la plateforme de négociation mobilise des ressources et consomme beaucoup d'énergie ;
- il n'y a pas de véritable création de valeur ;
- il n'y a pas d'utilité apparente pour les personnes ;
- la puissance de calcul n'est pas mise à la disposition du public ;
- le risque de krach boursier augmente, car il est quasiment impossible d'intervenir manuellement ;
- ...

Les points négatifs l'emportent sur les positifs et des changements sont nécessaires.

Pour 2) Recueillir des idées d'amélioration

Lors de la collecte d'idées, nous devrions d'abord procéder de manière ouverte. Les idées ne doivent pas être mûres à ce stade.

Voici quelques idées concernant le trading à haute fréquence :

a) Le rendre encore plus rapide.
b) Tout conserver en l'état.
c) Le taxer fortement, le rendre moins attractif.
d) Limiter la fréquence des transactions.
e) Le supprimer complètement.
f) Modifier le système financier global
g) ...

Comme tout le monde peut apporter des idées à »Humanité 10.0«, des propositions non objectives ou liées à des intérêts seront apportés. L'effet principal de cette phase sera que tous ceux qui se sentent concernés devront se pencher sur la question et faire des propositions. Si les personnes concernées ne s'engagent pas, les idées qui leur sont très défavorables pourraient s'imposer.

Pour 3) Prendre en compte les interactions

Étant donné que les contextes peuvent être très variés, il faudra se limiter aux critères les plus importants pour de nombreuses évaluations des faits.

Les liens avec les personnes et les organisations pourraient jouer un rôle dans cette étape. En tant que partie de la réalité, celles-ci doivent être prises en compte. Toutefois, il convient de faire le moins possible de jugements de valeur sur les personnes et les organisations concernées car il s'agit avant tout de faire une l'évaluation des faits.

Le meilleur moyen de recueillir des faits et des contextes est d'utiliser des questions ouvertes par exemple :

- Quelle est l'importance du trading à haute fréquence et dans quel but ?
- Quelle est la valeur ajoutée (pas seulement matérielle) qu'apporte le trading à haute fréquence pour les sociétés ?
- Que se passerait-il si le trading à haute fréquence disparaissait ?

Les premières évaluations faites au point 1 " Stimuler la réflexion, premières estimations " peuvent être remises en question.
Les liens avec les idées d'amélioration présentées au point 2 "Recueillir des idées d'amélioration" peuvent également jouer un rôle.

Pour 4) Évaluation de la situation actuelle

Les priorités de »Humanité 10.0« sont utilisées comme critères d'évaluation de la situation actuelle.

*Estimation pour le point **"toute l´humanité** ".*

Positif

- ...

Négatif

- seule une petite partie de l'humanité utilise le Trading à haute fréquence

- aucune création de valeur, aucun bénéfice identifiable

- élément d'un système financier qui n'est plus transparent

- le système financier pourrait être déstabilisé

- fréquence de trading trop élevé par rapport à l´évolution réelle

- ...

Le trading à haute fréquence est sans grande importance pour "l'ensemble de l'humanité" et partiellement contre-productif.

*Estimation pour l'axe **"communauté"***

Positif

- un petit groupe profite du trading à haute fréquence

- ...

Négatif

- des groupes d'investisseurs sont désavantagés

- des entreprises/organisations saines peuvent subir des dommages

- la réputation du secteur financier est ternie

- ...

Le trading à haute fréquence profite à une petite partie de la "communauté". De nombreuses communautés peuvent subir des inconvénients.

*Estimation pour l'axe **"homme"***

Positif

- Chaque personne pourrait profiter des gains réalisés

- ...

Négatif

- Aliénation du système par rapport à l'action humaine

- La personne normale ne peut guère en profiter

- ...

Bien que tout le monde puisse y participer, le trading à haute fréquence n'a que peu d'intérêt pour l'"être homme" individuel.

*Estimation pour l'axe **"milieu"***

<u>Positif</u>
- *Le développement d'infrastructures modernes est financé et progresse*
- *...*

<u>Négatif</u>
- *Charge sur les infrastructures d'énergie et de données*
- *...*

L'importance du trading à haute fréquence pour le "milieu" est seulement donnée que si les infrastructures nécessaires se trouvent à proximité.

*Estimation pour l'axe **"environnement global"***

<u>Positif</u>
- *...*

<u>Négatif</u>
- *des capacités de calcul doivent être créées*
- *grande consommation d'énergie en raison de la puissance de calcul élevée*
- *...*

Le trading à haute fréquence est nocif pour "l'environnement global" en raison de la consommation de ressources et d'énergie.

Une "évaluation quantitative" à 3 niveaux donne l'image suivante.

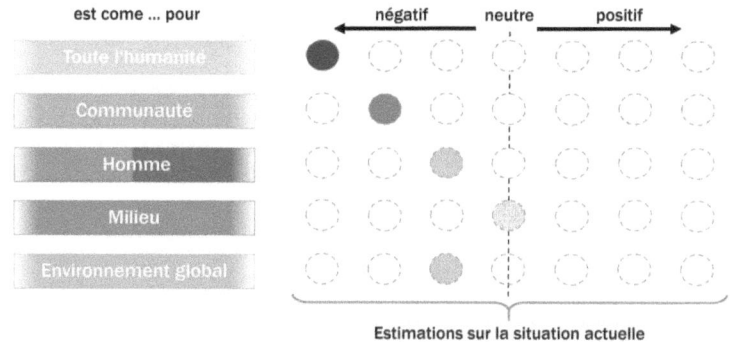

Figure 7 : Évaluation du trading à haute fréquence Situation actuelle

Pour 5) Évaluer les développements et les idées

Le trading à haute fréquence fait depuis longtemps l'objet de critiques. Il existe des tentatives timides d'amélioration de la situation actuelle. Celles-ci échouent régulièrement, car le sujet n'est pas au centre de l'attention publique. Il n'y a pas d'évolution positive en vue. Il n'existe donc de facto aucune tendance au changement.

Dans de tels cas, il est possible d'évaluer les idées trouvées au cours de la 2e étape. Nous voulons procéder de la même manière ici.

L'idée de "supprimer complètement" est quelque peu modifiée. Cela est nécessaire, car des modifications trop extrêmes sont rarement judicieuses.

Ainsi, l'idée est modifiée en une suppression progressive. Ainsi, après les premiers développements, l'idée peut être à nouveau évaluée et, le cas échéant, modifiée.

Comme la procédure pour les tendances est similaire à celle de l'évaluation de l'état actuel, cela veut dire que l´évaluation des différents points tel que de "toute l´humanité", de la "communauté", des "hommes", du "milieu", de l'"environnement global", sera effectué, elle ne sera pas à nouveau décrite ici de manière plus détaillée.

L'évaluation résumée ci-dessous résulte de l'estimation de l'évolution de l'idée à moyen et long terme.

Estimation pour l'idée "Suppression progressive du Trading à haute fréquence"

Positif
- Tous les aspects négatifs disparaissent complètement,
- Puissance de calcul utilisable ailleurs,
- Les ressources peuvent être utilisées pour des choses plus utiles,
- Meilleure égalité des chances pour les investisseurs,
- Système financier avec une image moins négative,
- ...

Négatif
- Dépenses pour les transformations du système financier,
- ...

L'idée de supprimer progressivement le trading à haute fréquence, présente de nombreux avantages pour des inconvénients gérables.

L'illustration ci-dessous présente l'évaluation de cette idée.

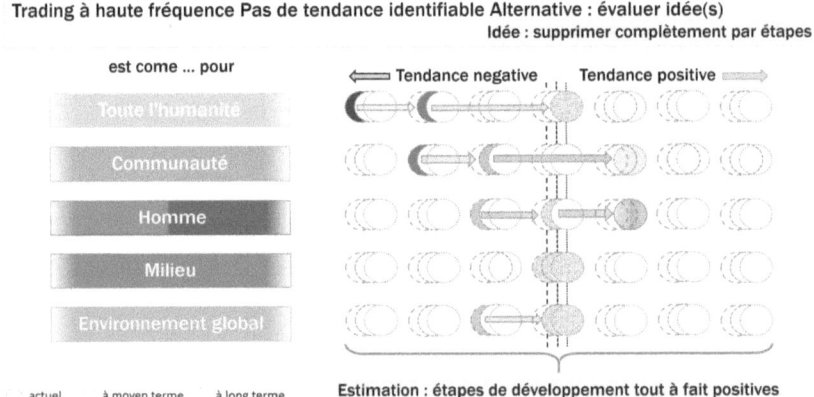

Figure 8 : Évaluation de l'idée de trading à haute fréquence

En raison des évaluations claires du trading à haute fréquence en ce qui concerne l'état actuel des tendances connues ainsi que l'existence de potentielles idées nouvelles, il n'est pas nécessaire de procéder à une évaluation quantitative détaillée.

Le trading à haute fréquence n'obtiendra pas de »Points Humanité«, mais son abolition peut en obtenir.

Pour 6) Définir ensemble des objectifs et trouver des solutions

A quoi ressemblerait une recherche de solutions sans »Humanité 10.0« ?

Les groupes d'intérêt n'ont probablement pas fait de propositions pertinentes pour améliorer leur position de négociation. Au cours de la phase de recherche de solutions, chaque groupe d'intérêt travaillera à nouveau sur ses propositions.

Dans cette phase de recherche de solutions, il faut veiller à ce que les estimations de l´»Humanité 10.0« ne soient pas remises en question.

En acceptant une idée, l'objectif est clair et toutes les parties concernées peuvent chercher ensemble des solutions pour la mise en œuvre. Bien que »Humanité 10.0« ne vise pas de succès à court terme, les objectifs doivent être atteints dans un délai raisonnable.

Pour 7) Mettre en œuvre la ou les idées et contrôler les progrès

Mettre en œuvre des idées et contrôler l'avancement de la mise en œuvre est plus ou moins standard, sans particularité dans le contexte de »Humanité 10.0«

Outre la mise en œuvre elle-même, il est important de savoir comment et par qui cette mise en œuvre est contrôlée. Dans le cas de l'abolition du trading à haute fréquence, c'est relativement simple, puisque seule l´"arrêt de l'utilisation" doit être surveillé.

La partie 4 "Introduire l'»Humanité 10.0« décrit les rôles et responsabilités possibles pour la mise en œuvre.

Si l'on veut profiter d'avantages, par exemple changer de puissance de calcul il s'agit d'un processus à part entière qui nécessite des planifications et actions.

A Réflexions finales sur l'exemple des "constantes de temps"

L'exemple du trading à haute fréquence illustre très bien les conséquences d'une situation où les constantes de temps ne correspondent pas à la réalité. Il est étonnant de voir à quel point comment et pendant combien de temps il est possible de dissimuler des faits aussi clairs. Dans le cas du trading à haute fréquence, cela a peut-être un rapport avec le travail de lobbying pour le système financier et le fait qu'on nous fasse croire que nous avons besoin de nécessités quelconques.

Le thème du "trading à haute fréquence" semble au premier abord global et le voilà relégué au rang de "problème national insoluble". Mais dans de nombreux cas, il ne s'agit pas de global ou national. Il manque simplement la volonté de changer.

De nouvelles idées sont donc nécessaires.

Voyons quelles solutions existent dans la nature.

Lorsqu'une rivière est bouchée

  (= solution bloquée),

l'obstruction peut être éliminée

  (= imposer la solution)

    ou

l'eau cherche une nouvelle voie

  (= solution de contournement, "bypass")

    et ainsi

la fonction est rétablie

  (= le système remplit à nouveau sa fonction).

Peut-être ne pensons-nous pas assez en termes de "by-pass".

Pourquoi, s'il est prouvé que cela est plus utile, ne pas installer un mécanisme qui ne traite les actions qu'une fois par jour ou par semaine ? Toutes les informations sur les actions négociées sont librement accessibles à tous et toutes les règles sont transparentes et compréhensibles. Les ventes à découvert et autres spéculations ne sont pas autorisées ou seulement dans une mesure limitée. Il pourrait y avoir deux types d'actions.

Dans un nouveau système de négociation transparent, les actions sont protégées contre la spéculation et des fluctuations de cours inutiles. Dans un autre système de négociation, la spéculation peut se poursuivre comme auparavant.

Les entreprises cotées en bourse et émettant des actions seraient-elles intéressées par ce nouveau système ?

Il y a suffisamment d'exemples d'entreprises qui ont quitté la bourse. Pour les investisseurs normaux, les Hommes, cela serait en tout cas bénéfique.

Les constantes de temps inadaptées sont des cas fréquents.

Ici, nous pourrions rapidement introduire des changements très positifs.

Exemple : Nous les Hommes

Avec le "trading à haute fréquence", nous avons examiné un phénomène global de grande importance qui n'était pas directement lié à
des personnes ou organisations.

Dans l'exemple suivant, il s'agit d'un fait qui, considéré individuellement, n'a pas une grande importance, mais pour lequel il y a un lien
direct avec des personnes. Si des événements isolés de faible importance se produisent fréquemment, leur importance pour l'humanité augmente à nouveau. Dans l'exemple suivant, il s'agit de nous,
les hommes, et de nos actions.

De simples ajustements dans notre milieu, dans les organisations et
les communautés ne suffiront pas pour faire face aux défis à venir.
Nous devons changer notre façon de penser. Comme cela est suggéré à d'autres endroits du livre, nous ne sommes pas prêts à le
faire sans de bonnes raisons.

Le savoir est utile dans de nombreux cas.

À l'école, nous avons beaucoup entendu parler d'énergie et de puissance en cours de physique. En principe, nous pouvons calculer la
quantité d'énergie nécessaire. Nous pourrions même mettre en relation les consommations d'énergie les unes avec les autres.

Pourquoi n'utilisons-nous que trop rarement ces connaissances ?

Nous considérons ces connaissances théoriques, apprises par
cœur, souvent comme de l'information pure. La connaissance a été
récompensée. L'acquisition de ce savoir dans notre vie quotidienne
n'a pas été une priorité. Il semble y avoir un potentiel d'amélioration.

Se rendre compte des relations et des conséquences, n'était pas et
n'est toujours pas apprécié. Comme le montrent les exemples de la
situation actuelle. Celle-ci, ne s'est pas améliorée au cours des dernières années. Nous consommons par exemple beaucoup trop de
ressources et ne réfléchissons pas à leur origine. Nous le regrette-
rons un jour.

Prenons maintenant l'exemple de *la salle de sport*.

Il y a d'abord les faits.

Nous voulons rester en forme et nous nous rendons à cet effet dans une salle de sport. Il y en a plusieurs dans un rayon de 20 km, le plus proche est à 3 km, il y en a d'autres à 5 km, 10 km, 15 km et à 20 km.

Plusieurs préférences individuelles jouent un rôle dans notre choix. Nous avons finalement opté pour une salle de sport situé à 10 km. Nous faisons le trajet jusqu'au centre de fitness en voiture, car nous nous dépensons déjà suffisamment au centre de fitness.

Les salles de sport plus éloignées n'ont pas joué de rôle, car celle qui est à 10 km répond à nos attentes et le temps de trajet serait sinon disproportionné.

Cet exemple devrait refléter la pensée et l'action actuelles de la "d'une grande partie" des gens. La salle de sport pourrait également être une boulangerie, un supermarché ou autre.

L'examen de ce cas simple révèle les points intéressants suivants.

Savoir que nous déplaçons notre corps avec une voiture environ 10 fois plus lourde n'est pas présent ou ne sert à rien. La plus grande partie de l'énergie ne va pas dans notre mouvement, mais dans celui de la voiture.

Nous ne remettrons pas en question les préférences individuelles, car elles sont importantes pour nous en tant que partie de notre satisfaction. La variabilité des points de vue individuelle est très grande et ne concerne pas le cas considéré.

Nous rejetons instinctivement toute intervention extérieure comme une atteinte à notre liberté.

Le critère de la protection de l'environnement s'est certes glissé par le biais du temps de trajet trop long, mais il ne joue pas, par ailleurs, un rôle décisif.

Lorsqu'une personne soucieuse de la protection de l'environnement nous demande pourquoi nous n'allons pas à pied à la salle de sport située à 3 km, nous expliquons notre décision en long et en large pourquoi nous ne le faisons pas (ou ne pouvons pas le faire).

Désolé pour tous ceux qui ont déjà fait de la protection de l'environnement leur principe de base.

C'est la bonne attitude !

Mais dans l'ensemble, nous sommes loin de la moyenne d'une protection suffisante de l'environnement. La situation actuelle est décevante, mais nous l'avons déjà constaté au début du livre.

Le fait de manipuler nos gènes, nous contrôler par une puce dans le corps ou laver le cerveau de tout le monde pour qu'il devienne raisonnable, excluons nous (espérons-le) en tant que la solution. Alors, que faire ?

Quelle pourrait être la contribution de l´»Humanité 10.0« ?

Pour cette réflexion, nous utilisons à nouveau nos étapes :

1. Stimuler la réflexion, premières estimations,
2. Recueillir des idées d'amélioration,
3. Prendre en compte les interactions,
4. *„Utiliser les priorités de l'»Humanité 10.0« comme critères d'évaluation de l'état actuel,*
5. *„Utiliser les critères d'évaluation pour évaluer les développements connus ainsi que des idées pour évaluer leur impact"*
6. Définir ensemble des objectifs et trouver des solutions,
7. Mettre en œuvre la ou les idées et contrôler les progrès.

Pour 1.) Stimuler la réflexion, premières estimations

Nous ne pensons pas souvent au changement de notre plein gré, nous sommes trop coincés dans le train-train quotidien ou nous n'avons pas le temps - une impulsion est donc nécessaire. Cette impulsion peut être donnée par des individus des personnes ou des communautés. Au sein de la famille, le cercle d'amis ou ailleurs, il doit y avoir un "influenceur". Les "influenceurs environnementaux" sont malheureusement trop peu nombreux.

Ceux-ci ont des défis à relever dans le contexte social actuel axé sur la consommation.

La volonté des organisations pourrait devenir une impulsion. Il serait intéressant de voir ce qui se passerait si la salle de sport ne laisserait que les personnes venant à pied ou à vélo d'une distance de 10 km. Le centre de fitness perdrait probablement des clients. Certains clients prendraient leur voiture, se gareraient plus loin et feraient les derniers pas à pied.

Les réglementations publiques peuvent servir d'impulsion. Cependant, elles sont souvent difficiles à mettre en œuvre. Les contrôles peuvent s'avérer fastidieux. Les gens cherchent en outre, à trouver / utiliser des failles, qui doivent être ensuite réparées.

La mise à jour de nos connaissances sur les relations physiques serait une impulsion, mais peut-elle être suffisamment forte ?
Les relations sont en fait claires.
"L'esprit est volontaire, mais le corps est faible !" ?

L'impulsion la plus forte serait probablement que la majorité fasse autrement et se déplace par exemple à vélo. Mais pour cela, il faudrait que le vélo et la protection de l'environnement soient "à la mode" ou que chacun puisse y aspirer en tant que norme sociale.

Nous avons donc réfléchi à ce cas.
Les connaissances ont été rafraîchies et nous savons clairement ce qui serait judicieux.
Mais est-ce suffisant ou avons-nous besoin d'autres impulsions ?

Celles-ci pourraient par exemple survenir en examinant d'autres contextes.

Les constatations faites jusqu'à présent sont également valables pour la partie 4) "Introduire l'»Humanité 10.0«".

Pour 2) Recueillir des idées d'amélioration

Les idées et les suggestions peuvent être utiles pour montrer que les changements ne doivent pas être "mauvais".

Pour notre exemple, de nombreuses variantes sont envisageables :

- Aller à pied à la salle de sport située à 3 km ou se déplacer en vélo,

- Se rendre à la salle de sport toujours à vélo,
- Ne pas utiliser la voiture, au moins de temps en temps.

Nous ne parvenons pas toujours à modifier radicalement notre comportement. Il est utile de procéder à des changements "par petits bouts" et il y a toujours des possibilités pour le faire.

Pour 3) Prendre en compte les interactions

Il n'est pas toujours nécessaire de faire de grandes choses. Une somme de petites choses peut également être convaincante.

Les personnes qui s'intéressent aux voitures ou qui sont tout simplement réceptives au contexte établissent des liens supplémentaires. Les voitures consomment proportionnellement beaucoup plus de carburant pendant les premiers kilomètres.
Un simple calcul permet de tirer d'autres conclusions.
Une voiture économique consomme en moyenne 5 litres/100 km, au début, elle consomme environ deux fois plus de carburant, soit environ 10 litres/100 km. Pour la salle de sport située à 10 km le trajet aller-retour est de 20 km au total. Cela signifie que nous consommons 2 litres de carburant pour nous rendre à la salle de sport. Le prix du litre de carburant coûte actuellement environ 1,50 €.
L'avantage de ce contexte est que nous, les êtres humains, pouvons "saisir" l'impact et nous recevrions une récompense, une économie de 3 € par visite à la salle de sport.
Mais cela suffira-t-il à donner une impulsion ?

D'autres relations sont plus difficiles à saisir pour les humains. Si nous convertissons la fréquentation de la salle de sport en une quantité de de CO_2, de nombreuses personnes en prendront certes note. Mais les gens ne voient pas le CO_2 et ne sont pas (encore) directement concernés par les conséquences à venir.
Il est difficile d'expliquer les connaissances scientifiques et de faire comprendre aux gens les relations de cause à effet sur une longue période, nous l'avons vu lors de la pandémie de Corona.
Mais nous avons également vu que les gens, en se basant sur la base de leur "intelligence collective" ou en l'absence d'une

connaissance personnelle, suivent les connaissances scientifiques. Pendant la pandémie Corona, les connaissances ont toutefois été habilement transmises par une communication ciblée.

La prise en compte du contexte est essentielle et peut générer des connaissances supplémentaires. Il est toutefois nécessaire d'emballer les conclusions correctes qui en découlent dans des messages simples et compréhensibles et de veiller à un large consensus.

Pour 4) Évaluation de la situation actuelle

Jusqu'à présent, les réflexions se sont concentrées sur les êtres humains. Quelques liens avec "l'environnement (CO_2)" ont été établis ou le "milieu" ont été établis.

Nous évaluons maintenant le trajet en voiture jusqu'à la salle de sport conformément au concept d'"'Humanité 10.0".

Estimation pour le point **"toute l´humanité "**.

Positif

- ...

Négatif

- ...

La fréquentation de la salle de sport n'a pas d'importance (réelle) pour "l'ensemble de l'humanité".

Estimation pour la priorité **"communauté"**.

Positif

- *l'entraînement en commun renforce le sentiment de communauté*
- *la forme physique individuelle représente également une valeur pour la société*

- ...

Négatif

- *les gaz d'échappement des voitures incommodent les autres.*
- *les places de parking pourraient être utilisées de manière plus judicieuse*

- ...

La fréquentation du centre de fitness présente des avantages et des inconvénients pour la "communauté", les inconvénients étant à mettre sur le compte du trajet en voiture.

L'argument de soutenir l'industrie automobile ne compte pas, puisque les alternatives ne peuvent pas se développer en contrepartie.

*Estimation pour l'axe **"homme"***

Positif
- *en cas de mauvais temps, on reste au sec en voiture*
- *le temps de trajet est plus court en voiture*
- *se déplacer en voiture est confortable*
- *...*

Négatif
- *chaque trajet en voiture coûte de l'argent*
- *les gaz d'échappement de la voiture nuisent à sa propre santé*
- *moins d'exercice physique*
- *...*

Aller à la salle de sport en voiture a des avantages tangibles pour l'homme, les inconvénients ne sont visibles qu'au deuxième coup d'œil. Des compromis, par exemple de se déplacer en voiture par mauvais temps, pourraient se dessiner.

*Estimation pour le point **"milieu"***

Positif
- *Les routes sont également utilisées par les cyclistes*
- *Moins de gaz d'échappement et de bruit*
- *...*

Négatif
- *une infrastructure coûteuse est nécessaire pour la voiture*
- *dommages directs causés à la nature par les émissions*
- *...*

La fréquentation de la salle de sport est fortement liée au "milieu". En conséquence, cette évaluation sera fortement prise en compte.

*Estimation pour le point "**environnement global**"*

Positif

- ...

Négatif

- toute pollution nuit à notre environnement

- ...

Aller à la salle de sport en voiture est nocif pour "l'environnement global". Toutefois, l'événement individuel n'a pas une grande importance, mais la somme des trajets de tous les individus oui.

Le trajet en voiture domine les faits, la salle de sport n'a qu'une importance secondaire. D'une manière ou d'une autre, l'aspect du confort de la conduite automobile ne s'accorde pas à l'activité physique.

Pour 5) Évaluer les développements et les idées

Lorsque l'on se rend à la salle de sport en voiture, des tendances mineures peuvent être identifiées. La consommation d'énergie de la voiture va diminuer. Les voitures électriques elles-mêmes ne produise plus d'émissions dans leur milieu. Si l'énergie électrique est produite de manière neutre en termes de CO_2, le bilan environnemental s'améliore.

Dans le domaine du fitness, il pourrait y avoir une tendance au "fitness à domicile", les faits seraient alors différents.

Il est difficile d'évaluer les tendances en matière de comportement personnel. Une idée utile serait de réfléchir ici sur quelques variantes de changements.

Les suivantes pourraient être par exemple :

- marcher ou faire du vélo par beau temps, prendre la voiture en cas de mauvais temps,
- intégrer l'arriver à vélo en tant que "warm-up" et du départ en tant que "cool-down" dans le plan d'entraînement,
- combiner le trajet en voiture jusqu'au centre de fitness avec des courses quotidiennes.

Si l'importance des faits n'est pas très grande, il n'est pas nécessaire d'analyser tous les détails ou toutes les tendances. Les avantages de telle ou telle idée sont souvent évidents.

Pour 6) Définir ensemble des objectifs et trouver des solutions

Pour les faits relevant du domaine personnel, c'est principalement le comportement de l'individu, qui est déterminant.

Pour les solutions communes, il est nécessaire que des communautés d'intérêt se forment. Dans notre cas, le covoiturage pour aller à la salle de sport serait une solution commune.

Les personnes qui se sont penchées sur l'optimisation de leur empreinte écologique personnelle ont constaté que l'influence directe de l'individu avait ses limites.

Dans ce cas, nous pouvons et devons exiger les changements nécessaires. Dans notre exemple, des changements dans les transports en commun pourraient être une solution à organiser socialement et proposés par les personnes concernées.

Pour 7) Mettre en œuvre la ou les idées et contrôler les progrès

Dans le domaine personnel, les idées sont presque toujours appliquées par les personnes elles-mêmes.

Pour le contrôle des progrès, il faudra compter sur l'autodiscipline de l'individu.

Réflexions finales sur l'exemple de la "salle de sport

Notre vie est (trop ?) variée. La plupart des décisions dans le domaine personnel sont (doit être) prise par la "pensée rapide" pour pouvoir les maîtriser.

C'est pour cela que nous avons besoin de personnes pour notre réflexion et notre action dans le domaine personnel, notamment pour initier des changements principalement par des impulsions (simples). Ces impulsions existent sous différentes formes, mais il n'y a pas d'impulsion unique et généralisable pour tous les individus.

Étant donné que les situations de vie générales de chacun sont différentes et que nous réagissons en fonction de la situation, les impulsions individuelles ne suffisent souvent pas.

Il est important pour nous d'adapter en permanence nos comportements. La plupart des gens, en tant qu'êtres sociaux, changeront également pour la communauté.

Les processus de changement dans le domaine personnel suivent d'autres règles que ceux qui concernent les organisations, même si les faits et les objectifs sont les mêmes.

Exemple : combler les goulets d'étranglement sociaux

Les sociétés connaissent régulièrement des pénuries pour certaines professions ainsi que pour certaines prestations. Cela peut être dû à des événements. Toutefois, il existe aussi des goulots d'étranglement permanents. En y regardant de plus près, on constate que les problèmes apparaissent rarement soudainement.

Il est clair qui crée quelle valeur dans une société.

Le groupe de réflexion "nef (new economics foundation)" a par exemple publié en 2009 un document intitulé "A Bit Rich : Calculating the real value to society of different professions" à ce sujet.

Les constatations selon lesquelles la rémunération dans de nombreuses professions n'est pas en adéquation avec la part de la création de valeur de la société n´ont guère changé jusqu´à présent. Cette disproportion, associée avec le pouvoir de l'argent, constitue un grand problème pour les sociétés. Pourquoi ?

De nombreuses personnes performantes dans les sociétés optimisent leur vie, ce qui est tout à fait compréhensible. Ils s'engagent par exemple dans des professions bien rémunérées. Si les professions sans valeur ajoutée correspondante sont bien rémunérées, les prestataires migrent vers ces professions.

Dans d'autres professions importantes pour la société il en manque. Ils manquent alors dans d'autres domaines. Nous avons donc beaucoup de personnes performantes aux mauvais endroits.

D'autres veulent "monter" à ces postes financièrement lucratifs. Du point de vue de l'économie de marché, il y a donc une grande offre de candidats. Les candidats sont nombreux, mais les salaires ne baissent pas.

Le mécanisme de régulation de l'offre et de la demande ne fonctionne pas comme on pourrait le supposer. Cela pourrait être dû au fait que les prestataires sont très compétents et réussissent à maintenir leur position, ainsi la situation ne change pas.

Notre prochain constat est le manque de personnel soignant dans de nombreux pays. Tournons-nous donc vers cet exemple pratique des **"soins"**.

Appliquer le principe de solidarité communautaire de manière transparente et dur, signifierait que "celui qui a soigné a le droit d'être soigné".

Seulement, tout le monde n'est pas en mesure ou apte à travailler dans le domaine des soins. Mais presque tout le monde peut apporter une autre contribution utile à la société.

Réduire la pénurie de personnel soignant en augmentant les salaires est une idée qui semble logique.

Il n'est toutefois pas évident de savoir d'où proviendrait l'argent et si une augmentation de la rémunération permettrait d'obtenir la reconnaissance qui s'impose. Il y a de très nombreuses personnes qui ont plus d'argent ou qui en gagnent tous les jours, en partie sans fournir des prestations à la société.

Avec l'exemple des "soins", nous voulons montrer que notamment le système de valeurs et d'évaluation de »Humanité 10.0« peut offrir des approches.

Comme dans les exemples précédents, nous nous concentrons sur l'approche et la réalisation des évaluations en utilisant nos étapes :

1. Stimuler la réflexion, premières estimations,
2. Recueillir des idées d'amélioration,
3. Prendre en compte les interactions,
4. *„Utiliser les priorités de l'»Humanité 10.0« comme critères d'évaluation de l'état actuel,*
5. *„Utiliser les critères d'évaluation pour évaluer les développements connus ainsi que des idées pour évaluer leur impact"*
6. Définir ensemble des objectifs et trouver des solutions,
7. Mettre en œuvre la ou les idées et contrôler les progrès.

Comme le sujet "soins" est relativement clair, nous nous contenterons d'un résumé des évaluations concernant nos points d´»Humanité 10.0« :

- Toute l´humanité
- Communauté
- Homme
- Milieu
- Environnement global.

Concernant "toute humanité"

Ne pas donner suffisamment de valeur à des activités favorables pour la société est mauvais pour l'humanité.

Les migrations des soignants d'un pays à l'autre (par exemple pour des raisons de rémunération) posent des problèmes entre les pays.

Concernant la "communauté"

Si une communauté a pu recruter suffisamment de personnel soignant, il n'y aura pas de pénurie et donc pas de besoin de changement pour cette région.

Cependant, d'autres communautés n'ont pas assez de personnel soignant.

Pour »Humanité 10.0«, c'est la moyenne des besoins de toutes les communautés qui est déterminante. Il en résulte un manque de ressources, probablement de besoins non satisfaits en raison d'une sous-rémunération.

Concernant l´"homme"

Pour l'axe "homme" la situation n'est pas différente de celle pour la "communauté". Il y aura des personnes qui ne sont pas touchées, beaucoup sont prises en charge, d'autres non.

En moyenne, il n'y a pas assez de personnel soignant, ce qui peut poser problème pour tout le monde.

Concernant le "milieu"

Les soins n'ont pas de lien direct avec l'environnement. Mais les déplacements du personnel soignant peuvent avoir des répercussions sur l'environnement, par exemple par le trafic automobile.

Concernant l´„environnement global"

La pénurie de personnel soignant n'est pas un problème environnemental. S'il n'y a pas d'autres conclusions, cette priorité serait placée sous le statut "neutre = à ne pas évaluer".

Comme on peut le constater l'évaluation par »Humanité 10.0«, en résulte en principe ce que l'on pouvait déjà supposer.

Il y a trop peu de personnel soignant, probablement parce que l'activité n'est pas suffisamment valorisée. Il faut changer cela.

Des idées de solutions sont par exemple envisageables :

- Faire plus de publicité pour la profession,
- Susciter l'intérêt du public,
- Une meilleure rémunération,
- Une meilleure valorisation sociale.

Il est important pour nous de clarifier la contribution que peut apporter »Humanité 10.0«.

Rappelons un principe d'»Humanité 10.0«,
"Réfléchir à l'état brut - tout peut arriver à tout le monde".

Dans »Humanité 10.0«, la question des soins serait davantage prise en compte car tout le monde peut être concerné. Cela est en principe clair, mais souvent oublié.

»Humanité 10.0« met donc davantage les "soins" sur le devant de la scène en discutant des faits et en les reconnaissant comme importants. Il se peut qu'il en résulte une meilleure rémunération. Mais »Humanité 10.0« n'est en principe pas en mesure de mettre de l'argent en circulation ou de le redistribuer.

Si nous mettons en jeu les »Points Humanité«, il existe bel et bien la possibilité de valoriser davantage le personnel soignant.

Toutes les prestations importantes pour la société seraient en effet récompensées par des »Points Humanité«. Dans un système de valeurs/d'évaluation »Humanité 10.0« entièrement installé, ces »Points Humanité« n'auraient pas seulement une valeur de reconnaissance. Chacun pourrait utiliser les »Points Humanité« pour des prestations mises à disposition par la société.

Cette solution simple et cohérente motiverait les gens à s'intéresser davantage aux professions de soins et à s'engager pour le bien commun.

Le cas des soins infirmiers est un exemple type pour de nombreuses autres professions et prestations que les gens fournissent à la société.

La pandémie de Corona a effectivement mis en lumière des prestations importantes. Applaudir en guise de reconnaissance est important pour le moment. Mais il est encore plus important de réfléchir à l'avenir et à la manière d'apprécier les choses à leur juste valeur ainsi qu'une remise en question de nos priorités sociales.

Selon les mécanismes actuels, tous les défavorisés (ou ceux qui se sentent défavorisés) pourraient faire (et le font aussi) grève. Une telle possibilité d'expression de la volonté est importante dans le cadre d'une démocratie. Cependant, chaque grève prive la société d'énergie. C'est pourquoi il convient d'exploiter toutes les possibilités d'éliminer en amont les divergences sociales.

»Humanité 10.0« propose, avec son système de valeurs/d'évaluation une approche orientée vers l'avenir pour une valorisation et la rémunération plus juste des prestations fournies.

Comme nous pouvons déterminer nous-mêmes ce qui a de la valeur pour nous, de véritables améliorations pour les sociétés seraient possibles.

Exemple : Qualifications sociales

Dans le passé, mais même aujourd'hui, des personnes peuvent s'imposer en tant que dirigeants alors qu'elles ne sont pas appropriées. Cela ne joue guère de rôle aux niveaux inférieurs de l'encadrement. Mais même les cadres moyens doivent travailler avec de grands groupes de personnes et peuvent prendre des décisions importantes qui influencent de grandes communautés.

Il est donc important pour les communautés et les sociétés que les bons dirigeants soient choisis.

Considérons la situation actuelle dans le monde.

Il y a des extrêmes où, au sens figuré, "les moutons sont dirigés par des loups". Chacun peut facilement s'imaginer ce qui se passe. Pour la communauté des "moutons", cela n'a aucun sens. Chacun peut se demander où et comment ce problème se pose, peut-être sous une forme moins extrême.

Une chose est cependant claire : tout dirigeant potentiel devrait / doit pouvoir justifier un certain niveau d'engagement envers les communautés.

Est-ce suffisamment le cas actuellement ?

Les bases nécessaires pour une sélection qualifiée selon les critères de compétence sociale sont disponibles. Cependant, ils ne sont pas faciles à appliquer et, en fin de compte, c'est le service chargé de la sélection qui décide de leur utilisation.

Dans l'exemple suivant, celui des ***"fonctions importantes"***, nous examinons quelle est la contribution de »Humanité 10.0« et en particulier l'introduction de »Points Humanité« qui peut apporter.

Pour plus de clarté, nous choisissons le poste de "chef" d'une tribu.

Les tâches de direction comprennent :

- Assurer l'existence de la tribu,
- Coopérer avec les autres "chefs".
- Organiser une cohabitation pacifique,
- Défendre la tribu contre les attaques, le cas échéant,
- Être un exemple positif pour les autres,

- Prendre "soin" de la communauté,

Dans quelle mesure nos "chefs" actuels remplissent-ils ces tâches ?

Cela dépend certainement de nombreuses conditions, notamment de la taille des communautés. Si nous ne sommes pas satisfaits de la direction, il se peut aussi que les critères de sélection actuels ne soient pas adaptés aux exigences.

Il serait si important que les capitaines maîtrisent leur navire, qu'ils connaissent bien l'équipage qu'ils ont choisi, et qu'ils atteignent un niveau élevé de sécurité et de satisfaction pour les passagers.

Si ce n'est pas le cas, le prochain iceberg attend peut-être déjà tout le monde.

Il n'est pas question ici de s'attarder sur des situations actuelles mais que le lien avec l´»Humanité 10.0« soit établi.

La valeur de l'attribution de postes importants est indiscutable. L'utilisation des critères »Humanité 10.0« pour les faits et donc pour la "gouvernance" n'est pas le point décisif dans notre exemple. Nous voulons voir quels sont les effets que peut avoir l'utilisation des »Points Humanité«.

L'idée est que chaque "chef", pour accéder à sa fonction, ait besoin de »Points Humanité«.

Pendant la période qui précède son élection, le "chef" est toujours confronté aux 5 questions suivantes.

Est-ce que ce qu'il fait est positif ou négatif pour :

- Toutes les tribus (toute l´humanité),
- Sa tribu (communauté),
- Chacun dans sa tribu (homme),
- Le territoire de la tribu (milieu),
- Tout sur la terre (environnement global).

Le "chef" potentiel reçoit, pour une action positive des »Points Humanité« et pour une action négative, des points lui sont retirés.

Il y a probablement d'autres candidats au poste de "chef". Ces candidats sont soumis aux mêmes évaluations.

Les évaluations se rapportent aux faits, aux »Points Humanité«, et sont fixées avant les actions. Il n'y a pas de "facteur nez", c'est-à-dire que les influences personnelles ne modifient pas les évaluations des faits.

Les "chefs" potentiels vont donc, jusqu'à ce qu'ils aient atteint le nombre de »Points Humanité« requis de leurs performances, qui ont des critères positifs pour l'homme et l'environnement.

Il en résulte les effets positifs suivants :

- Des valeurs sont créées pour tous,
- Les critères de sélection sont transparents pour tous,
- Les candidats inaptes ne pourront pas remplir les critères à long terme,
- Les compétences nécessaires à la direction ultérieure seront entraînées,
- Celui qui respecte toujours les règles ne les enfreindra pas si facilement dans le futur.

Pour les »Points Humanité« indûment "acquis", des sanctions seraient envisageables, par exemple l'exclusion de l'élection du "chef". En parlant d'élection, rien ne s'oppose à une élection finale par la tribu, le peuple.

Le système de valeurs/d'évaluation fournit des critères de décision transparents, qui ne doivent toutefois pas être définitifs.

Par exemple, il n'est pas nécessaire que les »Points Humanité« soient complètement et obligatoirement introduits. Un système basé sur le volontariat pour des postes individuels fonctionnerait également. En d'autres termes, les personnes qui collectent volontairement le plus de »Points Humanité« ont un avantage lors de l'élection.

Si l'un ou l'autre des dirigeants ne fait pas tout comme il faut et que la lecture de cet exemple le fait un peu stresser une remarque pour les rassurer.

Tout le monde peut s'améliorer en permanence !

Les »Points Humanité« n'existeront probablement pas avant xx ans. A partir de là, ils pourront être acquis de manière transparente par tous. Pour les emplois socialement importants, un minimum de »Points Humanité« sera nécessaire. Ainsi les postes correspondants seraient même socialement valorisés.

Actuellement, aucun dirigeant ne perdra son poste suite à l'introduction de »Humanité 10.0«.
S'engager dès à présent (encore) davantage pour les hommes et l'environnement ou s'orienter vers les critères de l´»Humanité 10.0« serait une très bonne idée.

Exemple : éviter "l'inutile

Dans l'exemple suivant, »Humanité 10.0« est utilisé pour un autre défi. Il s'agit principalement de : comment éviter "l'inutile". Mais qu'est-ce qui est inutile ?

Pour mieux comprendre, prenons le domaine *"Produits inutiles"*.

Que sont donc les produits inutiles ?

Les avis peuvent diverger sur cette question. La description suivante devrait toutefois convenir. Les produits inutiles sont des choses dont on peut se passer sans problème.

Ces produits sont principalement achetés parce qu'un besoin artificiel a été créé par un marketing ciblé.

De plus, au cours des dernières décennies, nous sommes constamment entraînés à la consommation. Il est difficile de changer ce qui a été appris. Il n'est pas si facile de changer.

Les produits inutiles sont également ceux qui sont inutilisables après une courte période, c'est-à-dire les produits de mauvaise qualité ou de courte durée.

Le marché fait en sorte que les produits inutiles ou de mauvaise qualité ne soient plus demandés après un certain temps. C'est le cas pour de nombreux produits, mais pas pour tous.

Des ressources sont utilisées pour la fabrication de produits inutiles. Ces ressources, comme l'oxygène et l'eau, appartiennent à tous. Il serait donc tout à fait justifié que nous décidions, avant même la production, si les ressources doivent être utilisées ou non étant donné que les ressources utilisées manqueraient alors pour des choses plus utiles.

Si un produit inutile n'est pas produit, 100 % des ressources sont économisées.

Il n'est pas nécessaire d'étayer cela en détail avec les critères de l´»Humanité 10.0«. Nous souhaitons toutefois nous pencher sur certains arguments.

Une chaîne d'arguments volontiers utilisée est :

⇒Moins de produits,

⇒Chiffre d'affaires plus faible,

⇒Performance économique plus faible,

⇒Suppression d'emplois,

⇒Baisse de la prospérité.

Or, cette chaîne d'arguments est tout simplement fausse. Ni le nombre ou la variété des produits n'a pas nécessairement d'impact sur le chiffre d'affaires. Le même chiffre d'affaires peut être réalisé avec des produits de plus grande valeur.

La performance économique est une définition artificielle qui ne dit rien sur le sens de ce qui est produit.

La production de produits inutiles ne protège pas contre les suppressions d'emplois et ne réduit pas la prospérité.

Un autre raisonnement est également douteux.

Les produits bon marché existent afin que le plus grand nombre de personnes possible aient accès à de tels produits. Cela signifie à l'inverse que celui qui ne peut pas se permettre d'acheter de bons produits chers doit au moins se procurer des produits à faible valeur d'usage.

D'un point de vue mathématique, un grand nombre de produits inutiles donnent un produit plus utile et meilleur. Si l'on doit racheter un produit en raison de sa mauvaise qualité, il peut même devenir plus cher.

Les produits doivent désormais répondre à des normes environnementales considérables. C'est une très bonne chose. Mais un produit inutile fabriqué selon ces normes élevées est malgré tout nuisible à l'environnement. Il n'a aucune valeur et a pollué l'environnement par sa fabrication.

Ceux qui pensent qu'il n'est plus permis de produire de manière créative et variée se trompent. Il s'agit simplement de l'existence de très nombreuses prescriptions pour tout ce qui concerne les produits.

Le sens, en revanche, est une réflexion volontaire dans les entreprises. Pourquoi ne pas encourager cette réflexion plus fortement ?

Pour beaucoup de gens, il est probablement plus facile de choisir parmi vingt produits différents plutôt que parmi cent.

Même si seulement 5 % de produits inutiles n'étaient plus fabriqués, on économiserait environ 5 % de ressources, et cela sans avoir besoin de faire quelque chose. C'est super - nous achetons 5 % moins de produits, probablement superflus, et nous faisons quelque chose pour notre porte-monnaie et pour l'environnement.

Les "produits inutiles" ne sont pas inutiles s'ils procurent du plaisir. L'art, la culture, les collections et les achats utiles ont un sens.
»Humanité 10.0« veut que nous, les humains, trouvions un sens à notre vie et que nous soyons satisfaits.

Mais consommer en masse ou posséder inutilement, est-ce que cela a-t-il un sens et rendent-elles vraiment heureux ?
C'est à chacun de décider pour lui-même.

Comme il n'y a pas de croissance illimitée, des changements sont inévitables dans les décennies à venir. Il est donc très judicieux de renoncer à ce dont on n'a de toute façon pas besoin.

Celui qui ne peut pas se passer de la consommation de masse devra, dans quelques années au plus tard, se mettre à la recherche d'un nouveau sens.

Jusqu'à présent, il n'y avait pas grand-chose de spécifique à l'»Humanité 10.0« dans cet exemple. »Humanité 10.0« pourrait fournir d'autres arguments, qui explique pourquoi des produits inutiles, de mauvaise qualité ou à courte durée de vie ne devraient plus être achetés.

»Humanité 10.0« intervient à un autre niveau.
»Humanité 10.0« propose une alternative de sens et de satisfaction. Celui qui s'engage pour l'homme et l'environnement est récompensé par des »Points Humanité«. Un système de points qui va donc dans le sens inverse de celui qui prévalait jusqu'à présent pour la collecte de points de réduction pour le chiffre d'affaires réalisé : celui qui n'achète rien, reçoit des points.

Ce serait logique et cela peut aussi être source de satisfaction.

Résumé des exemples

Avec les critères du système de valeurs/d'évaluation de »Humanité 10.0«, il est possible d'évaluer suffisamment bien les faits, c'est-à-dire s'ils ont de la valeur pour nous, les humains, si des améliorations devraient être apportées ou s'ils ne peuvent même pas être complètement supprimés.

Même sans franchir toutes les étapes et sans quantifier précisément les faits, il est possible de les évaluer suffisamment bien pour pouvoir redéfinir les priorités.

Pour relever les défis qui nous attendent, nous avons besoin de ressources dans tous les domaines. Ces ressources sont, dans de nombreux cas, liées avec des domaines dont l'utilité est douteuse. Les ressources pour les changements nécessaires seraient en principe disponibles mais nous devons nous devons effectivement nous débarrasser de ces comportements et ne pas nous contenter d'en parler.
L'»Humanité 10.0« pourrait nous y aider.

Comme on peut le voir dans les différents exemples, les avantages sont nombreux et se manifestent au cours des différentes étapes. Certains de ces avantages peuvent être utilisés individuellement. Il n'est pas nécessaire d'utiliser le système de valeurs/d'évaluation de l´»Humanité 10.0« avec toutes ses possibilités pour tous les des faits. Seules des évaluations qualitatives des faits les plus importants au moyen des critères de »Humanité 10.0« aurait une utilité gigantesque.

Dans la partie 5 "Motivation", au chapitre "Avantages pour ...", vous trouverez plus d´avantages de »Humanité 10.0«.

Partie 4 : Introduire l'»Humanité 10.0«

Réflexions de base

Après avoir appris à connaître l'»Humanité 10.0« dans les parties précédentes, la question qui se pose maintenant est la suivante : "Comment introduire »Humanité 10.0«?" A quoi sert la meilleure idée, si nous ne savons pas comment la mettre en œuvre.

»Humanité 10.0« n'est avec les 5 questions simples sur les priorités pas difficile en soi. Cependant, comme le système peut être appliqué à presque tous les faits, il en résulte une grande diversité. Utiliser »Humanité 10.0« pour soutenir les changements globaux est un défi supplémentaire.

Il y a beaucoup de discussions dans les cercles d'amis, à table, dans les communautés religieuses, les partis politiques, les forums scientifiques et dans de nombreux autres endroits. Beaucoup servent à se divertir, d'autres à renforcer le sentiment de communauté ou à développer des idées. On est souvent d'accord sur les constats et sur le fait que certaines choses devraient changer. Même l'une ou l'autre bonne idée voit le jour, il est ensuite plus difficile de transformer les idées en actions.

Dans le chapitre "Principes", les deux modes de pensée fondamentalement différents, "pensée rapide" et "pensée lente", ont été abordés. Nous sommes à l'aise, même quand nous pensons, et nous sommes donc vite d'accord avec une idée, mais nous avons du mal à l'imposer systématiquement et éventuellement contre des résistances. Est-ce grave ? Non - c'est juste dommage.

Nous devons tenir compte du fait que la plupart des gens ne participeront pas activement au développement de l'»Humanité 10.0«. Et beaucoup de gens ne changeront pas immédiatement de comportement sans une impulsion suffisante.
Les gens soutiendront toutefois ce qui est utile. Donc, nous avons besoin pour »Humanité 10.0« d'un plan d'action adapté aux possibilités pour la mise en œuvre des idées.

Exigences en matière d'introduction

Pour pouvoir installer »Humanité 10.0« selon les caractéristiques décrites, il est important que l'installation soit bien ciblée. L'introduction de »Humanité 10.0« doit se faire de la manière suivante :

Ouverte :

- Participation de toutes les personnes, communautés et organisations,
  - ⇒ Mouvement objectif et impartial,

Flexible :

- Mise en œuvre et conception
  - ⇒ Par pays, par association de pays, au niveau mondial,
  - ⇒ Par groupe de personnes / organisations,

Communicatif :

- Utiliser tous les canaux de communication,
- Collecter et évaluer les idées progressives,
- Permettre des discussions / évaluations,

Digne de confiance :

- Protection des données personnelles et des sources,
- Utilisation d'informations sécurisées,

Multilingue :

- Traduire dans le plus grand nombre de langues possible.

Étapes d'introduction

Les étapes suivantes pour l'introduction de »Humanité 10.0«
sont les suivantes :

1. Publier l'idée et le plan
2. Affiner le concept
3. Créer une plateforme »Humanité 10.0«.
4. Diffuser l'idée plus largement
   a) faire de la publicité pour l'idée
   b) chercher des promoteurs ciblés
5. Développer le mouvement
6. Applications pilotes »Humanité 10.0«
7. Développer un/des système(s) de valeurs/d'évaluation
   a) évaluer les infos / expériences
   b) créer des »Points Humanité«.
8. Utiliser le(s) système(s) de valeurs/d'évaluation

Pour 1) Publier l'idée et le plan

Dans un premier temps, des publications en allemand, anglais
et en français sont prévues.

- Sites Internet : *www.menschheit10.org,*
  www.humanity10.org
  www.humanite10.org
- Dépliants (1 page, 4 pages)
- Présentations (aperçu, exemples)
- Questions & réponses
- Article Wikipedia
- Livre : »Menschheit 10.0«,
  »Humanity 10.0«,
  ....»Humanité 10.0«,

Des traductions dans le plus grand nombre de langues possible
sont prévues. On ne sait pas encore quand elles auront lieu.

Pour 2) Affiner le concept

»Humanité 10.0« est un très grand projet. Tous les détails ne se feront que petit à petit. Le concept actuel est constamment remis en question et amélioré. En fonction du nombre et de la qualité des partenaires participants, les priorités seront fixées et les sujets choisis en conséquence.

Pour pouvoir faire avancer un thème, il faut qu'il y ait une base. Le concept »Humanité 10.0« est une base de discussion. Certaines parties sont concluantes et réalisables, d'autres doivent être travaillées.

Pour 3) Créer une plateforme »Humanité 10.0«

La collaboration concernant l'»Humanité 10.0« doit être organisée. Il faut créer une plate-forme qui permette, en particulier, la diffusion d'informations et une large communication.

Pour organiser la collaboration, il faut des points importants tel que les suivant par exemple :

- Définir une stratégie et des règles
- Décrire le type et l'étendue des tâches
- Recruter les compétences nécessaires
- Définir les étapes nécessaires
- Mettre en place une "organisation de départ".

Une équipe centrale doit être constituée pour organiser les étapes suivantes du lancement. Pour »Humanité 10.0«, il faut que chacun puisse s'engager de différentes manières.

Les personnes intéressées par une collaboration active peuvent s'informer sur le site Internet *www.humanite10.org* ou écrire un e-mail à *info@humanite10.org*.

Les trois premières étapes du lancement sont encore peu spécifiques. Lors des prochaines étapes, l'harmonisation entre la construction de l'»Humanité 10.0« et l'introduction sont prévues plus clairement.

Pour 4.) Diffuser l'idée plus largement

De nos jours, il n'est pas facile de placer une idée de manière à ce qu'elle soit réellement perçue parmi la multitude d'informations disponibles. Même les actions spectaculaires se perdent parfois dans la masse. Combien de temps Greta Thun-berg a dû rester assise avant que sa préoccupation, la protection de l'environnement, ne soit reconnue ?

Imaginons maintenant qu'un adulte normal soit assis devant le Parle-ment ou dans un autre lieu public. Il serait, peu importe ce qui est écrit sur sa pancarte, probablement pas considéré comme un repré-sentant d'une idée sérieuse. Il recevra peut-être de la pitié ou sera socialement "traité" d'une autre manière. Les actions individuelles ne produisent pas les effets nécessaires, escomptés au lancement de l'»Humanité 10.0« .

C'est pourquoi les activités suivantes sont envisagées pour que l'idée arrive progressivement dans l'esprit de tout le monde.

Promouvoir l'idée

De nos jours, pour être visible et avoir du succès, on travaille sou-vent avec des symboles ou des "marques". Cela permet de s'identi-fier à l'idée de base ou à la chose sans devoir suivre les détails de chaque développement de près en permanence.

Le symbole / la marque »Humanité 10.0« serait une marque à but non lucratif. Il ne s'agit pas de faire des bénéfices avec la marque, mais de créer un signe distinctif pour »Humanité 10.0«.

Le développement d'un symbole / d'une marque nécessite du temps et d´un marketing professionnel pour la rendre suffisamment visible auprès du public.

Cibler les personnes potentiellement intéressées

Il est facile d'ignorer ce qui se passe autour de nous. Il en va tout autrement lorsque l'on est interpellé et que l'on on attire l´attention - pour ainsi dire – sur certains faits. Avec la surabondance actuelle de stimuli, même si quelqu'un est abordé, il n'y a malheureusement aucune garantie qu'il y ait des réactions. L'approche est donc ciblée et transparente. Qui a réagi et comment, voilà ce qui intéressera les gens.

Dans le cadre de »Humanité 10.0«, tout le monde doit être impliqué, c'est pourquoi le type et le nombre de personnes à interpeller ne sont pas limités. Il est judicieux de commencer par des personnes et des organisations "prometteuses".

Pourquoi ces deux activités, "Marque" et "Approche", sont-elles privilégiées pour l'introduction de l´»Humanité 10.0« ?

Il existe déjà de nombreuses organisations progressistes, dont certaines ont réalisé des performances exceptionnelles pour les communautés. Beaucoup d'entre elles ont leurs propres symboles / "marques" et certaines ont même des symboles / "marques" similaires, par exemple : "... for Future" ou "... 4 Future".
Pourquoi une "marque" distincte pour l´»Humanité 10.0« ?

Comme nous l'avons déjà décrit au début de ce livre, ces initiatives progressives ont généralement des priorités isolées et non une approche globale visant à réorienter globalement les communautés / sociétés très différentes les unes des autres. Beaucoup d'initiatives s'efforcent d'améliorer les situations actuelles, certaines ont aussi des priorités à moyen terme. Pour relever les défis qui se présentent, il faut que tous travaillent ensemble.

Dans ce contexte, imaginons qu'une initiative se mette en place et tenterait de prendre le dessus. Ou, en d'autres termes, un symbole / une "marque" dominerait, alors que d'autres seraient moins visibles ou "repris".
»Humanité 10.0«, en revanche, souhaite préserver la diversité. Ceux qui s'engagent déjà dans la société, continuent à le faire. Toutes les initiatives peuvent développer leur identité, y compris des symboles / "marques".

Un autre argument en faveur d'un nouveau symbole / d'une nouvelle "marque" est que son contenu peut être rempli à volonté.

Il n'y a pas d'héritage ou de préoccupation et pas de restrictions de pensée ni de restrictions d'action. Avec »Humanité 10.0«, les faits doivent pouvoir être traités le plus "librement" possible.

Et il y a encore un autre argument. Beaucoup de gens ne s'engagent pas encore, bien que de nombreuses initiatives progressistes existent depuis longtemps. Peut-être ces personnes ont-elles plus d'intérêt à une initiative stratégique comme »Humanité 10.0«.

»Humanité 10.0« veut intégrer et permettre de travailler au-delà des barrières apparemment infranchissables actuellement Quelle(s) organisation(s) en serait(ent) actuellement capable(s) ?

Une autre priorité de la mise en œuvre est la suivante : »Humanité 10.0« doit être un système flexible, difficilement attaquable et sûr pour l'avenir.

Les 5 questions simples sur l'utilité d'un fait pour nous les hommes, les communautés, toute l´humanité, le milieu et l'environnement tout entier comme étant absurdes, ne sont pas possible.

Le système de valeurs/d'évaluation est développé par nous tous. Celui qui participe, dès le début, a une influence immédiate sur sa conception.

Une fois le système de valeurs/d'évaluation mis en place, tous ceux qui ont œuvré pour la communauté, ainsi que ceux qui ont participé au développement d´»Humanité 10.0«, pourraient recevoir des »Points Humanité«. Cela pourrait être intéressant pour l'un ou l'autre. Dans cette optique, il semble que le ciblage d'un certain nombre d'organisations et d'individus soit prometteur.

De nombreuses organisations ont déjà des programmes progressifs. Pour certaines, il ne s'agit que de déclarations d'intention, mais une demande ciblée pourrait faire avancer la mise en œuvre.

Dans la partie 5, "Motivation", les avantages de l´»Humanité 10.0« pour différents groupes de personnes et d'organisations sont décrits. On pourrait par exemple les aborder en faisant référence à ces avantages.

Pour donner une meilleure idée des personnes auxquelles on s'adresse, voici quelques exemples.

- Organisations, par exemple "...for Future", ...
- Les universités, les instituts, ...
- Scientifiques, artistes, influenceurs, ...
- ONU, UE, gouvernements, ...
- Médias, par exemple TV, journaux, Internet.

Cette approche doit également tenir compte des positions actuelles des personnes et organisations.
Le point suivant aborde ce sujet plus en détail.

Pour 5) Développer le mouvement

Le contact avec les personnes, les groupes de personnes et les organisations a comme objectif de générer un large soutien pour l'idée. Toute forme de soutien est la bienvenue, par exemple, trouver de bonnes idées, participer à la diffusion, adhérer, collaborer activement, fournir des services, faire des dons, etc.
Pour »Humanité 10.0«, nous avons besoin de nombreux participants actifs.
Il devrait s'agir de personnes et d'organisations qui reconnaissent la nécessité d'un changement global et qui souhaitent collaborer.
Si »Humanité 10.0« est soutenu par des organisations importantes, les conditions générales seront nettement améliorées. De grands projets peuvent être mis en œuvre avec l'aide de professionnels.

Le soutien de toutes les initiatives, personnes et organisations pro-gressistes existantes serait idéal. Il ne s'agit pas de faire passer les gens d'une initiative à l'autre, mais d'en tirer un avantage mutuel, c'est-à-dire de faire en sorte que les forces progressistes et l'»Humanité 10.0« se soutiennent mutuellement.
Les structures existantes sont très précieuses et constituent une bonne possibilité de progresser plus rapidement.
»Humanité 10.0« souhaite également encourager les communautés, les personnes et les organisations qui n'ont pas encore fait preuve

d'un grand progressisme à saisir l'opportunité de s'engager pour »Humanité 10.0«.

Les conflits entre États, par exemple, ne sont pas dus aux personnes de cet États, mais dans le fait que des gouvernements, des groupes isolés ou même seulement quelques leaders les attisent.

Parfois, il n'y a qu'une sorte d'"impasse" dans laquelle le compromis est vu comme une "faiblesse", qui ne semble pas être une option.

Les religions ont en partie des valeurs communes. Il est donc plus que surprenant qu'il y ait des conflits religieux.
Si nous, les humains, par le biais de l'»Humanité 10.0«, nous parvenons à remettre en question les relations entre les religions et les communautés, il serait peut-être possible de faire bouger les communautés et les organisations concernées.

Pourquoi n'y aurait-il pas des initiatives comme par exemple :

- Les gouvernements pour l'humanité
- Les religions pour l'humanité
- ...

L'"édifice humanité" que nous avons conçu, nous les humains, comporte de nombreux piliers. Ces piliers reposent sur un fondement commun, l'environnement. »Humanité 10.0« comme élément de liaison pour une meilleure stabilité des piliers et en même temps comme "protection contre l'infiltration d'influences négatives" -
Ne serait-ce pas une belle idée ?

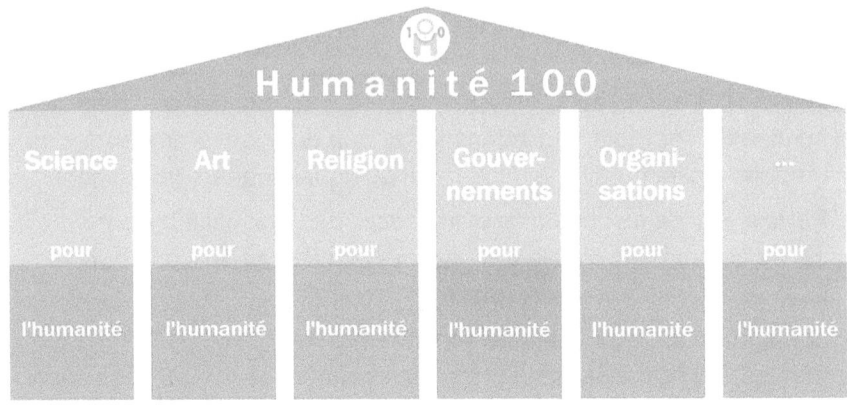

Figure 9 : Bâtiment Humanité

Pour 6.) Applications pilotes »Humanité 10.0«

La procédure par faits a déjà été décrite et expliquée à l'aide de premiers exemples. L'introduction et le test de l'effet des évaluations, ainsi que la tentative d'attribuer des »Points Humanité«, devraient se faire au moyen de nombreux "projets pilotes". Ces projets doivent notamment intégrer le savoir-faire scientifique existant et toutes les expériences tirées des "solutions isolées" déjà installées. Cela permettra de générer rapidement d'autres idées pour le système de valeurs/d'évaluation.

Quels sont les sujets qui se prêtent à des projets pilotes ?

Une variante serait de se baser sur des systèmes d'évaluation existants et de les compléter par les critères de l'»Humanité 10.0«.
Si les critères d'évaluation existants ont déjà une orientation comparable, on pourrait immédiatement passer à la quantification de l'évaluation, c'est-à-dire à la création de »Points Humanité«.

Une grande acceptation pourrait être atteinte si les enjeux les plus urgents étaient considérés en premier. Ainsi les premières mises en œuvre seraient possibles immédiatement après la phase pilote.

Une sélection systématique des faits permettrait d´aider à mettre rapidement le système de valeurs/d'évaluation à un niveau universel. Cela permettrait de rassembler des connaissances sur les différents thèmes. Les facteurs pour la formation des »Points Humanité« pourraient ainsi être harmonisés plus rapidement.

Des exemples trop peu variés en tant que projets pilotes n'apportent pas grand-chose.

En revanche, de nombreux exemples différents, c'est-à-dire simples et complexes ayant une signification suffisante, constituent une bonne combinaison, qui pourrait en résulter.

Il serait également envisageable de vérifier rapidement de nombreux faits à l'aide des critères d'évaluation de l´»Humanité 10.0«, afin de générer une sélection complète pour des évaluations plus détaillées.

C'est précisément cette approche qui consiste à "évaluer rapidement les faits à l'aide des 5 questions", s'appliquerait à tout un chacun.

Les questions, le fait est-il positif ou négatif pour l'ensemble de l'humanité, la communauté, nous les hommes, le milieu et l'environnement dans son ensemble, donnent immédiatement des indications sur les potentiels d'amélioration. Si ces questions sont posées de manière cohérente à de nombreux faits, de nouvelles priorités judicieuses apparaissent.

Pour 7) Développer un/des système(s) de valeurs/d'évaluation

Les premières propositions pour le système de valeurs/d'évaluation de »Humanité 10.0« ont déjà été décrites.

Des idées ont été émises quant à sa structure, ses développements ultérieurs et l´introduction de ce système. Nous nous contenterons ici d'un bref résumé.

L'évaluation des faits les plus divers en fonction des priorités :

- toute l'humanité,
- la communauté,
- l´homme,
- le milieu,
- l´environnement global,

sont rapidement applicables en tant qu'idée de base.

Dès les premières évaluations rapides, il apparaît clairement quels sont les éléments qui reçoivent une évaluation positive et quels sont ceux qui reçoivent une évaluation négative. L'évaluation quantitative ainsi que l'ajout de l'évaluation des tendances par rapport aux faits constitue l'étape suivante. Ensuite, il faut évaluer les relations entre les faits et les priorités, de manière à obtenir un système d'évaluation coordonné. Lorsque tout est cohérent, les »Points Humanité« peuvent être créés.

Dans les étapes précédentes, on s'est efforcé de procéder à des évaluations qui se concentrent exclusivement sur les faits.
Le lien avec les personnes et les organisations n'intervient qu'à l'étape suivante. A ce stade, il faut déjà clarifier la valeur des »Points Humanité« et la manière dont ils sont intégrés dans notre vie.
Cela implique par exemple qu'il n'y ait d'incitation que si des contreparties intéressantes sont proposées en échange des »Points Humanité«.
C'est surtout sur ce point que des idées et des propositions sont nécessaires. Plus les contreparties aux »Points Humanité«, sont attrayantes plus vite et plus efficacement le système de valeurs/d'évaluation peut être mis en œuvre.

L'élaboration du système de valeurs/d'évaluation et la définition de »Points Humanité« pertinents seront des tâches très intéressantes dans le cadre de »Humanité 10.0«.
C'est au plus tard à ce moment-là que le plus grand nombre possible de personnes devraient s'intéresser à »Humanité 10.0«".

Pour 8) Utiliser le(s) système(s) de valeurs/d'évaluation

La position de l´»Humanité 10.0« et de son système de valeurs/évaluations sera déterminée par l'avenir.

Il y a cependant de bonnes chances que »Humanité 10.0« (ou quelque chose de comparable sous un autre nom) soit mise en œuvre.

Les avantages sont nombreux !

Y a-t-il une meilleure solution que d'introduire une économie basée sur la valeur humaine et une nouvelle "monnaie" flexible liée à une véritable création de valeur ?

Quelles seraient les alternatives ?

Par exemple, intervenir continuellement dans les sociétés existantes avec des incitations et des "réformes minimales" et de toujours éviter que le pire ?

Nous n'avons pas le temps de plusieurs générations, mais nous devons plutôt agir dès maintenant en nous tournant vers l'avenir.

Qui met en œuvre »Humanité 10.0« et comment ?

Les étapes décrites pour l'introduction de »Humanité 10.0« sont de nature fondamentale. L'introduction se fait toutefois dans un contexte social réel et non pas "à la sauvette". Afin de pouvoir adapter les scénarios d'introduction aux conditions actuelles il est nécessaire de les examiner de plus près.

L'organisation »Humanité 10.0«, en tant que mouvement neutre, n'est pas équipée pour mettre en place un système de valeurs/évaluations détaillé et n'aspire pas non plus à une telle position. En d'autres termes, les structures étatiques et sociales existantes joueront, particulièrement, un rôle important pour la mise en œuvre de »Humanité 10.0«.

Il existe dans le monde de nombreuses structures sociales, parfois très différentes, par exemple :

- Union Européenne
- USA
- Russie
- Chine
- Pays dirigés par la religion
- Pays en développement
- Pays sous-développés
- … Régions isolées de la civilisation.

La question de savoir si et dans quelle mesure l´»Humanité 10.0« peut se placer dans ces structures, relève de la pure spéculation. Nous devrions nous concentrer sur comment fournir l´»Humanité 10.0« d´avantage qu'elle soit largement acceptée auprès des gens et qu'il n'y ait pas d'autre solution que de l'adopter.

Voici donc quelques points pour l'introduction d´ importants avantages :

»Humanité 10.0« se développera en parallèle à tout ce qui existe déja

- Développement systématique à long terme d'un nouveau système durable.
- Large participation de tous dans les sociétés.
- Des perspectives positives sont générées pour nous, les humains.
- Les différences entre les sociétés ne sont pas des critères d'élimination.
- Les expériences et les outils actuels de différents domaines sont utilisables.

L'introduction peut être organisée de manière flexible

- Possibilité de choisir les priorités de manière ciblée (priorité et moment).
- Répercussions sur les personnes et les organisations par faits imposable.
- Pas de norme contraignante pour tout, par exemple libre choix des faits en fonction des besoins.

Les avantages de la flexibilité ne doivent toutefois pas conduire à l'abandon d'autres objectifs, principes ou valeurs. Le système ou les structures ne doivent pas être trop compliqués.
La proposition organisationnelle et structurelle faite pour l'introduction est la suivante.

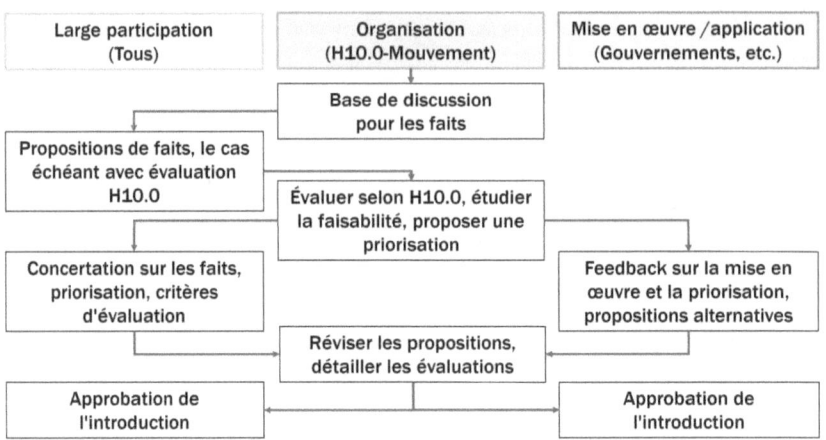

Figure 10 : Proposition de structure Introduction

Penchons-nous d'abord sur les groupes mentionnés dans les trois groupes de participants mentionnés.

"Large participation (Tous)" signifie exactement ce qui est écrit. Tout le monde, toutes les communautés, toutes les organisations peuvent participer.

"Organisation (H10.0-Mouvement)" signifie le mouvement composé de tous ceux qui s'intéressent à l´»Humanité 10.0« dans les différents domaines.

Une large participation est souhaitée. Mais c'est chaque personne ou organisation qui décide, elle-même, si elle veut participer au développement de. »Humanité 10.0« et de faire valoir ses intérêts, par exemple.

Ce qui est décisif dans ce mouvement, c'est qu'en raison de la diversité des participants une "neutralité moyenne" est créée et que le mouvement ne peut être dominer. Les décisions doivent se baser exclusivement sur les évaluations objectives des faits.

L´»Humanité 10.0« nécessite également une organisation adéquate. Celle-ci a par exemple pour mission de mettre en place toutes les conditions préalables, d'installer des processus et de les surveiller, de prendre des décisions.

La neutralité et l'intégrité de cette organisation sont d'une importance capitale pour une large acceptation. Les éventuels liens avec des organisations ne doivent pas avoir d'influence sur les décisions à prendre.

"Mise en œuvre/application (Gouvernements, etc.)" indique clairement que l'organisation »Humanité 10.0« se veut un intermédiaire entre les idées et les valeurs des hommes et pour la mise en œuvre des gouvernements et organisations responsables.

Les structures sociales actuelles doivent être utilisées pour la mise en œuvre.

Il existe toujours des organisations supérieures influentes, comme l'ONU, les communautés religieuses, les grandes entreprises.

Il serait absurde d'ignorer les liens entre les organisations gouvernementales et non gouvernementales qui existent dans de nombreux pays.

En d'autres termes, une partie de la mise en œuvre se ferait également par le biais de ces organisations.

En raison du fait que des concentrations de pouvoir pourraient apparaître dans le domaine de la mise en œuvre et de l'application, le mouvement de l'»Humanité 10.0« aura encore une fonction de contrôle.

Il faut vérifier si ce que la masse des personnes et des communautés veut, soit également appliqué. En outre, les cycles d'évaluation des faits doivent être planifiés et surveillés, et les potentiels d'amélioration doivent être collectés.

La manière dont la collecte de ces potentiels et l'organisation des évaluations sont assurées est illustré dans la figure suivante.

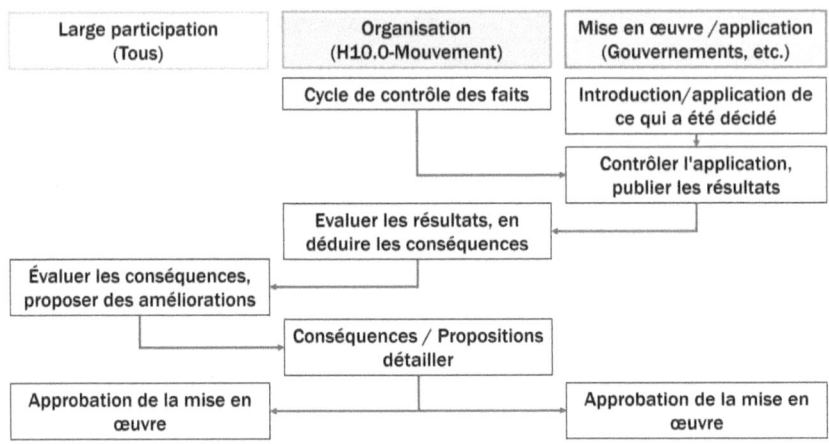

Figure 11 : Proposition Assurer le succès

Les gens expriment leurs priorités. La mise en œuvre de celles-ci est quasiment contrôlée. En outre, les décisions prises sont régulièrement remises en question et éventuellement corrigées.

De telles approches de la "démocratie de base" ont toujours existé et existent encore de temps en temps. Pourquoi n'ont-elles pas pu s'imposer jusqu'à présent ?

L'une des raisons pourrait être que la "démocratie de base" a été et est encore trop fortement associée à la "question du pouvoir".
La plupart des gens ne se soucient pas de savoir comment et par qui ils sont gouvernés, tant qu'ils sont satisfaits. Ils seront satisfaits s'ils peuvent exprimer leurs souhaits et si une partie d'entre eux se réalise. Ils ne seront pas mécontents si les souhaits ne sont pas réalisables pour des raisons compréhensibles ou s'il existe des solutions alternatives.

Cependant, on demande rarement aux gens ce qu'ils veulent.
En revanche, on leur suggère plutôt de nombreux choses qu'ils devraient souhaiter.
Pourtant, il serait peut-être plus important pour de nombreuses

personnes d'être aidées à tout moment en cas de maladie dans un système de santé non rentable plutôt que d'être aidées par une entreprise très rentable, qui créé une énième fonction inutilisée d'un appareil technique. Et même le développeur de cette énième fonction préfère peut-être que son idée ait la plus grande valeur possible pour les gens. Et non, le marché ne règle pas tout.

Il y a trop d'organisations influentes qui ont leurs propres intérêts.

Les questions essentielles pour les humains sont trop rarement posées. Au lieu de cela, les gens sont abreuvés d'énormes quantités de produits, d'informations, de sensations et de bien d'autres choses encore jusqu'à ce qu'ils soient submergés par les stimuli et qu'ils n'aient plus envie de s'habiller du centième vêtement – et perdent de plus en plus leur identité humaine en tapotant sur leur téléphone portable. C'est ce qu'on appelle le progrès.

Un autre événement n'est pas mieux.

On nous fait croire que "la pierre philosophale" a été trouvée. Le monde fonctionne "comme ça et seulement comme ça". Chaque être humain ne doit plus que s'orienter vers cette pensée et tout va / sera bien.

D'autres mettent en doute la volonté humaine ou l'existence d'êtres humains autodéterminés dans leur ensemble.

Chacun peut / devrait se faire sa propre opinion sur ses modes de pensée et la direction à prendre.

Du point de vue de »Humanité 10.0«, il y a trois messages aux différentes structures sociales :

1. ceux qui supposent incarner le progrès, devraient vraiment et rapidement proposer et développer de nouvelles Idées progressistes.

2. tous ceux qui ne sont pas ouverts aux autres opinions et aux autres idées, n'obtiendront jamais ce qu'il y a de mieux pour les gens, quoi qu'ils disent.

3. Une demande aux autres, aidez-les à trouver de nouvelles façons de penser, mais n'adoptez en aucun cas les opinions de 1 ou 2

Mais revenons à la "démocratie de base". Elle fonctionne à petite échelle dans de nombreux cas - pas encore à grande échelle.

Avec »Humanité 10.0«, de nouvelles conditions-cadres apparaissent pour l'introduction et l'utilisation d'une "démocratie de base". Il s'agit de d'opinions et de décisions basées sur des faits, pour le bien des hommes et de l'environnement. De la somme des faits individuels, il en résulte un système de souhaits objectivés et de la possibilité de les réaliser par le biais d'un système d'incitation (système de valeurs/évaluations »Humanité 10.0«).

Lors de l'introduction de l´»Humanité 10.0«, nous devons également tenir compte des différents modes de pensée et les attentes de chacun.

Avec »Humanité 10.0«, il s'agit de développer un système d'avenir durable et non de rêves spontanés et irréalistes, quelle que soit la manière dont ils ont été réalisés.

La "pensée rapide" peut être un bon fournisseur d'idées et aider à évaluer leur impact sur les humains.

Pour le développement proprement dit de l´»Humanité 10.0« nous devons utiliser la "pensée lente", qui demande beaucoup d'efforts et de précision scientifique.

Pour les deux modes de pensée ainsi que pour l'ensemble de l'introduction, le résultat positif est décisif.

A quelle vitesse peut-on et doit-on introduire »Humanité 10.0« ?

Des délais précis pourront être estimés lorsque les premiers résultats d'acceptation seront disponibles. Nous ne sommes pas à l'abri de nouvelles conditions, comme des catastrophes. Celles-ci pourraient augmenter la pression d'action et accélérer l'introduction de l´»Humanité 10.0«.

Les deux modèles représentés dans l'image ci-dessous sont des scénarios possibles pour l'introduction.

Introduction continue

Les faits/tendances de la plus grande importance/urgence sont soumis à l'évaluation relativement rapidement

Introduction après "achèvement"

Le système de valeurs/d'évaluation est d'abord "achevé", puis l'introduction a lieu pour de nombreux faits/tendances

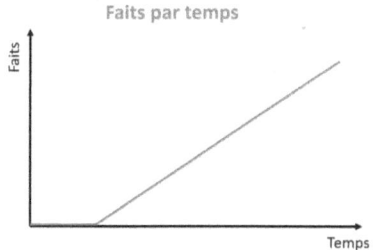

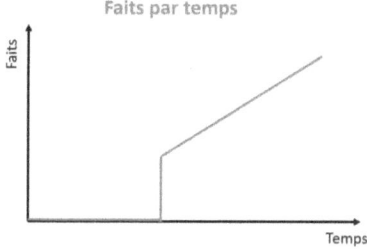

Figure 12 : Scénarios pour l'introduction dans le temps

Il faudra un certain temps avant que l´»Humanité 10.0« ne soit prête à effectuer des évaluations fondées et à mettre en œuvre les enseignements tirés.

L'"introduction continue" est plus rapidement prête à démarrer, car le nombre minimum de faits évalués n'est pas nécessaire. Toutefois, les »Points Humanité« ne sont pas directement disponibles au début, car les évaluations des faits ne sont harmonisées que progressivement.

Si les »Points Humanité« doivent être introduits directement, il est judicieux de prévoir plus de temps au début, comme le montre l'illustration "introduction après achèvement". Dans ce cas, des faits dès le lancement du système sont harmonisées entre elles.

Pour motiver la participation à »Humanité 10.0«, on envisage la possibilité d'acquérir des droits à des »Points Humanité«. Ce droit est indépendant du mode d'introduction.

Nous, les humains, avons toujours suivi des valeurs. Il existe de très nombreuses "valeurs" plus ou moins bien définies. En définissant les droits de l'homme, par exemple, un ensemble de valeurs a déjà été constitué.

Avec le système de valeurs/évaluations de »Humanité 10.0«, on pourrait actualiser cet ensemble de droits de l'homme. En outre, un système d'incitation au respect des droits de l'homme serait disponible.

Il existe déjà des "systèmes de points" pour la réalisation de certains objectifs, qui remplissent également leur fonction dans la plupart des cas.

Cependant, la mise en place d'un système global de »Points Humanité« aussi complet nécessite beaucoup de ressources et de temps.

Dans le cadre de l'introduction de l'»Humanité 10.0«, il convient de réfléchir aux objectifs suivants, de déterminer quels objectifs globaux doivent être poursuivis et comment les »Points Humanité« globaux doivent être constitués.

Avec ses 5 priorités, »Humanité 10.0« serait le plus petit dénominateur commun, notamment pour les grands défis mondiaux, parfaitement adapté aux défis. Nous devons essayer de rendre "Humanité 10.0" visible dans le monde entier.

Les idées d'»Humanité 10.0« doivent se répandre à travers les personnes, les communautés et les organisations du monde entier et le mouvement »Humanité 10.0« doit être encouragé.

D'ici que les structures globales »Humanité 10.0« soient capables d'agir, il faudra du temps.

Pour »Humanité 10.0«, il n'y a pas de "global ou local". L'approche est toujours liée à des faits. Certains faits ont une portée à la fois globale et locale et d'autres ont une signification plus globale. Certains ont une dimension locale plus marquée, dont l'importance globale prédomine. L'importance globale (pour l'humanité et l'environnement) et l'importance locale (pour la communauté et le milieu) sont prises en compte. En principe, on considère les faits globaux et locaux toujours en même temps.

L'attribution des faits par domaine peut être évaluée dès le début. On peut déjà le constater lors d'une première évaluation.

»Humanité 10.0« peut être utilisé dans des structures locales claires, tel que des régions, des pays, des communautés par le biais d'organisations »Humanité 10.0« sur place, ainsi que dans des structures globales, comme les Nations Unies, les multinationales, les organisations non gouvernementales par le biais des organisations de l'»Humanité 10.0«.

Les gouvernements devraient, en fait, chercher désespérément un mécanisme comparable à »Humanité 10.0«. Car actuellement, les gouvernements doivent de plus en plus souvent faire face aux problèmes des personnes qui leur sont confiées sous la pression du temps. Cela ne se fait pas toujours sans conflits et les gens ne sont pas forcément reconnaissants d'être bien gouvernés.

Avec »Humanité 10.0«, les processus de décision se dérouleraient plus tôt et avec une participation suffisante de tous.

Encore une remarque générale sur les processus de changement et d'introduction. Dans la technique de régulation, les processus de transition d'un état à un nouvel état ont été étudiés et décrits sous forme mathématique.

Voici une brève explication non technique de la régulation.

Il existe les variantes suivantes de régulation des processus de transition :

a) Le désir "je veux (absolument)" domine, la réalité est ignorée,
   ⇒ L'objectif n'est jamais atteint

b) Tout le monde est immédiatement convaincu et travaille systématiquement à la réalisation de l'objectif
   ⇒ Variante la plus rapide, mais pas réaliste

c) Après un succès apparemment rapide, l'objectif dépasse les objectifs (exagération)
   ⇒ Malgré des efforts importants, la réalisation de l'objectif est retardée, car des corrections doivent être apportées

d) Après une phase de persuasion, tout le monde travaille de manière ordonnée à la réalisation de l'objectif
   ⇒ Atteindre l'objectif rapidement et avec peu d'efforts.

Même les non-techniciens de la régulation reconnaissent que la variante d) devrait être recherchée.

Dans la pratique, la variante c) dépassement (exagération) se produit malheureusement souvent. Mais beaucoup n'aide pas toujours beaucoup.

Comme le montrent les explications données jusqu'à présent, l'introduction de l'»Humanité 10.0« est un défi.

Mais là où il y a une volonté, il y a un chemin.

Partie 5 : Motivation

Moteurs de changement

Il existe d'innombrables études sur le comportement des gens et par quoi ce comportement est influencé. Outre des études de recherche sur les relations fondamentales, la capacité à influencer les gens joue un rôle important.

Grâce aux possibilités technologiques actuelles, les gens sont ne sont plus seulement influencés, ils peuvent être systématiquement être manipulés. Les manipulations sont souvent utilisées, pour faire valoir des intérêts particuliers ou lorsque les situations de vie ou des développements potentiels s'éloignent de plus en plus de la réalité. Les manipulations permettent éventuellement d'obtenir des résultats à court terme. La réalité objective rendra les manipulations plus diffi-ciles. Mais à long terme, les manipulations sont corrigées.

Par exemple, si quelqu'un est poussé à ne plus manger, il mourra in-dépendamment du fait qu'on lui ait suggéré autre chose jusqu'à son dernier souffle.

Les manipulations continueront d'exister, mais nous avons le choix, nous ne sommes pas obligés de les suivre.

Dans la réalité, les motivations (et non les manipulations) suivantes sont particulièrement importantes pour mettre l'accent sur les déve-loppements futurs et inciter les gens à participer.

Les motivations fondamentales découlent par exemple de :

- La couverture des besoins matériels de base.
- L'obtention d'une satisfaction non matérielle.

Les moteurs de l'action résultent par exemple de :

- De la volonté de satisfaire des besoins fondamentaux et d'obtenir une satisfaction
- La crainte que les besoins fondamentaux et la satisfaction ne peuvent pas être assurés.

Si un animal dangereux nous poursuit, nous allons, plus ou moins, intelligemment, "fuir". Nous sommes sauvés par la peur.
C'est donc probablement la peur qui nous sauve à court terme.
Mais à long terme, nous devrons réfléchir à la manière de gérer ce danger.
Les solutions pour se protéger du danger peuvent consister à l'éviter, à le contourner ou à le combattre activement. Dans notre exemple, nous évitons le territoire de l'animal.
Nous montons dans un véhicule sûr ou nous nous défendons avec des armes contre les attaques de l'animal.

Le concept d'»Humanité 10.0« pour l'avenir met l'accent sur la prévention du danger, la garantie à long terme des besoins fondamentaux et de la satisfaction de nous autres humains.
L'avenir sert de support à l'espoir.

Bien que la peur soit une motivation très importante, elle ne doit pas être attisée dans »Humanité 10.0«. Cependant, pour diverses raisons, nous ne pouvons pas supprimer nos craintes pour l'avenir de l'humanité.

Nous ne voulons pas oublier une chose. Tous ceux, qui s'engagent réellement pour le bien de l'humanité doivent être remerciés et reconnus !
Peu importe qu'il s'agisse de résoudre des problèmes ou d'idées à moyen et long terme, que la force de persuasion ou la peur agissent comme motivateur ou que les gens soient gagnés à la cause par d'autres moyens.
Ce qui est bon en soi, restera bon.

Avec »Humanité 10.0«, un mouvement, qui réunit et soutient toutes les forces au service de l'humanité, doit être créé.
La puissance ainsi générée pourrait permettre aux normes de progrès de devenir des standards.

Effets positifs

Avec »Humanité 10.0«, il y a de nombreux effets positifs grâce à :

1. Réflexion sur des faits
2. Trouver des idées d'amélioration
3. Des liens de cause à effet / une vision globale
4. Évaluation de l'état actuel des faits
5. Évaluation de la/des tendance(s) / idée(s) concernant les faits
6. Mise en œuvre commune de la (des) solution(s)
7. Associer des »Points Humanité« à des personnes/organisations.

Les effets les plus importants dépendent du contexte, des faits et des objectifs visés. Même si le système de valeurs/d'évaluation de »Humanité 10.0« ne va pas jusqu'à la quantification de la fait.
Si l'évaluation de l'état de fait n'aboutit pas à un résultat positif, la remise en question de l'état de fait permet de stimuler les améliorations.

Nous obtenons cependant la plupart des améliorations en passant par toutes les étapes jusqu'à la formation des »Points Humanité« et en reliant les »Points Humanité« aux personnes et aux organisations.

Nous pouvons utiliser »Humanité 10.0« pour des thèmes particuliers, tels que pour la protection de l'environnement et du climat. Il existe cependant de nombreux autres défis qui sont en partie liés entre eux.

»Humanité 10.0« permettrait d'aborder ces défis de manière plus efficace et de les maîtriser plus efficacement en parallèle.
Ne laissons pas passer cette chance !

Avantage pour ...

Si les avantages mentionnés jusqu'à présent n'ont pas convaincu tout le monde, nous allons les présenter dans les paragraphes suivants les avantages de l'utilisation de l'»Humanité 10.0« pour des personnes/organisations sélectionnées. Les avantages résultent de la différence entre la situation actuelle sans et grâce à l'utilisation future des idées »Humanité 10.0«.

Les situations actuelles ont des conséquences différentes pour les personnes et les organisations. Leurs estimations de la situation peuvent s'écarter de la réalité, notamment si elles n'adoptent pas une position neutre et objective.
Certains avantages peuvent ne pas être immédiatement visibles.
Il n'est pas possible de présenter les avantages pour toutes les organisations et pour chaque individu.
Les "groupements" qui suivent leurs propres idées, nieront peut-être tous les avantages de »Humanité 10.0«.
Tout cela conduit à des évaluations différentes des avantages.

Les potentiels de »Humanité 10.0« sont présentés ci-dessous à titre d'exemple, qui résultent d'avantages pour ...

... les Hommes

»Humanité 10.0« est fait pour nous, les humains. Nous sommes au centre de l'idée et du plan. Tous les êtres humains profitent des améliorations pour la société.
Nous, les humains, et nos situations de vie sont très différents les uns des autres. C'est pourquoi il est impossible d'énumérer les avantages pour chaque groupe ou individu.

»Humanité 10.0« est une nouvelle initiative riche en opportunités et sensée. Pour beaucoup, ce n'est pas encore un argument suffisant, pour devenir actif. Mais nous voulons tous un bon avenir, n'est-ce pas ?

»Humanité 10.0« peut, en particulier après la pandémie chaotique de Corona, être une vision avec des objectifs très concrets pour de nombreuses personnes, être un espoir et un nouveau départ.

Toutes les améliorations apportées dans les différents pays et les grandes organisations ont une influence décisive sur notre vie, nous autres humains.
C'est pourquoi nous les considérons principalement.

Pour certains groupes de personnes, des avantages sont présentés sur le site Internet le site *www.humanite10.org* sous le registre *"Questions et réponses"*.

... l'ONU (Organisations des Nations Unies)

L'ONU, en tant que la plus grande organisation mondiale, a pour vocation d'œuvrer pour le bien de tous les habitants de la planète, et revêt une importance capitale.

Malgré un très bon travail dans de nombreux domaines, elle ne remplit pas le rôle qui lui est assigné. Les ressources manquent souvent pour résoudre les problèmes à court terme, car l'ONU dépend en fin de compte des bailleurs de fonds nationaux. Les intérêts nationaux jouent donc un rôle important dans de nombreuses institutions de l'ONU.
C'est au Conseil de sécurité des Nations unies que ce dilemme est le plus évident. Tous les êtres humains ont droit à la paix, à la sécurité et à la résolution des conflits. Lors de chaque conflit, des vies sont perdues, des personnes souffrent et l'insécurité et le désespoir se répandent.
Au Conseil de sécurité des Nations unies, les blocages semblent dominer et les solutions non réalisables. Les raisons invoquées pour justifier ces blocages sont incompréhensibles pour de nombreuses personnes.
La réputation de l'ONU dans son ensemble s'en trouve ternie.

La visibilité de l'ONU existe lorsqu'il s'agit de l'aide humanitaire en cas de conflits et de catastrophes, mais il manque des visions et des stratégies à long terme. Des plans concrets et des propositions pour

façonner l'avenir de l'humanité ne sont pas vraiment visibles.
Cette lacune pourrait être comblée grâce à »Humanité 10.0« ou du moins la réduire.

... l'U.E (Union Européenne)

L'U.E est actuellement l'association d'États la plus avancée. Nulle part ailleurs, il n'y a autant d'États, avec des intérêts parfois divergents, qui sont réunis étroitement en une seule entité. En raison de quelques "erreurs de structure" lors de la création, de la lenteur des processus de décision, et les tentatives de diviser les pays européens, des turbulences se produisent régulièrement.
L'UE est l'exemple type de l'interaction nécessaire des différents peuples pour relever les défis à venir.
L'UE suit des principes démocratiques. Mais parfois, même les membres de l'UE les remettent en question. Peut-être parce que les démocraties doivent être garanties avec de grand moyen et qu'elles ne fonctionnent pas toujours de manière efficace.

Avec »Humanité 10.0«, l'UE disposerait d'une initiative stratégique fédératrice pour protéger la démocratie et développer les sociétés dans les pays.
Grâce à une conception intelligente du système de valeurs/d'évaluation système de nouvelles normes de valeurs nouvelles normes peuvent être directement créées.

... gouvernement

Les mouvements individuels, les organisations et les initiatives thématiques font partie d'une démocratie saine et ne mettent en danger ni l'État ni la société.

»Humanité 10.0« est une initiative qui vise à lancer une discussion plus active sur l'avenir et les changements sociaux nécessaires. Un grand avantage est que les divergences d'opinion sont visibles à un stade précoce. Elles peuvent ainsi être éliminées avant les événements proprement dits.

La réflexion stratégique serait la tâche des gouvernements. Mais ceux-ci sont de plus en plus souvent poussés à réagir à court terme. La pandémie de Corona a montré de nombreux potentiels d'amélioration. Dans de nombreux cas, on constate une opposition compulsive aux décisions gouvernementales. Cela n'est pas utile, encore moins pendant une crise. Il serait avantageux de faire préparer les décisions importantes et les plans d'urgence par une organisation/initiative neutre. La participation de toutes les personnes et organisations à »Humanité 10.0« permet de recueillir à temps les idées et les opinions des personnes.

»Humanité 10.0« ne veut et ne peut pas assumer de tâches exécutives, mais collaborer avec les gouvernements. Un sentiment d'appartenance plus fort de tous les hommes et la recherche précoce de solutions aux défis à venir profiteraient aux gouvernements directement.

… les entreprises mondiales

L'économie est désormais tellement mondialisée que toute perturbation dans les chaînes d'approvisionnement et les réseaux de collaboration a d'énormes répercussions. Les multinationales ont besoin de normes mondiales et fiables pour travailler ensemble. Il ne s'agit pas seulement de normes techniques, mais aussi de normes sociales.

Dans de nombreux groupes, les normes sociales sont respectées et les employés participent dans une certaine mesure au succès. Néanmoins, pour beaucoup, les grands groupes sont le symbole de l'évolution de l'économie sociale de marché jusqu´à une sorte de "capitalisme prédateur". Le fait que les grands groupes "ne font que suivre les mécanismes de l'économie de marché" n'améliore pas la situation.

Les entreprises peuvent jouer un rôle important pour relever les défis mondiaux, notamment en matière de protection climatique. Mais elles doivent aussi mieux comprendre et assumer leur responsabilité au niveau globale. Certains dirigeants ont déjà pris conscience de la nécessité d'apporter des changements. Il devrait être facile pour eux de soutenir l'idée d'une »Humanité 10.0«.

… organisations religieuses

Les religions ont une longue tradition dans l'histoire de l'humanité. Bien que de nombreuses religions partagent les mêmes valeurs, il existe entre elles des différences considérables et des conflits. Beaucoup de gens ont de plus en plus de mal à comprendre ce désaccord et le refus de réforme et tournent le dos aux religions. Mais en même temps, ils ne trouvent pas d'orientation équivalente pour leur vie.

Il devrait être dans l'intérêt des religions que tous les hommes soient à nouveau liés entre eux plus fortement et qu'ils puissent suivre des valeurs humanistes compréhensibles.

»Humanité 10.0« a précisément ces objectifs. Est-ce que Dieu ou les d'autres saints s'opposeraient à ce que nous, les êtres humains, suivions volontairement et de manière autodéterminée des valeurs sensées et que nous protégions le climat et l'environnement.

… groupements politiques

Il existe de très nombreux partis et groupements politiques. Si un parti ou un groupe ne fait que défendre sa propre idéologie, il s'oppose à toute autre chose. L'opposition pour l'opposition est également contre-productive. La plupart des partis ou groupements sont heureusement capables de tolérance et de collaboration et ne s'en tiennent pas à des démarcations apparemment nécessaires. La plupart du temps, la collaboration est basée sur les faits.

C'est précisément ce rapport aux faits qui constitue l'approche d'»Humanité 10.0«.

Dans le cadre d'»Humanité 10.0«, les meilleurs compromis objectifs sont recherchés. Cette approche est particulièrement prometteuse, lorsque les opinions et les évaluations objectives sont "impartiales" et les décisions sont préparées en conséquence. Les conflits inutiles entre les différentes parties peuvent ainsi être évités et la recherche de solutions seraient considérablement facilitées.

Les membres des partis peuvent également mieux suivre leur conscience et de toujours viser le meilleur pour nous, les êtres humains. L'»Humanité 10.0« pourrait générer plus de continuité dans la gouvernance et ainsi des campagnes électorales et des changements de gouvernement seraient moins tendues...

... Organisation sociale

Les organisations sociales maintiennent la vie dans de nombreuses régions du monde. L'individualisme, l'évolution des valeurs et l'augmentation du nombre de personnes rendent leur travail de plus en plus difficile. Les bénévoles, l'argent et parfois même le soutien moral font défaut.

Vouloir faire quelque chose de bien, s'engager, c'est inné chez nous, les humains. Cependant, beaucoup ont du mal à se dépasser. Que la raison soit la résignation, le confort ou autre chose, une motivation supplémentaire serait en tout cas utile. Pourquoi quelqu'un qui s'engage ou même se sacrifie pour la société devrait-il ne pas y trouver son compte ?

On ne peut pas organiser directement l'estime mutuelle, mais des »Points Humanité« pourraient rendre les prestations plus visibles et donner une motivation supplémentaire pour s'engager davantage pour la communauté.

... Organisations à but non lucratif / non gouvernementales

Les organisations à but non lucratif et les organisations non gouvernementales ont généralement été créées dans des buts très concrets et constituent un pilier important de nos sociétés. Dans de nombreux cas, le motif de la création est la résolution de problèmes à court terme. Il n'y a pas toujours d'objectifs et de stratégies à moyen et long terme.

La focalisation sur un objectif précis conduit parfois à une sorte de "vision en tunnel". Dans la lutte pour les membres, les autres organisations peuvent être considérées comme des concurrents et non comme des alliés.

Or, à l'heure actuelle, toutes les forces progressistes sociales doivent s'unir pour pouvoir relever les défis.

»Humanité 10.0« veut justement offrir cette fonction de lien et motiver davantage de personnes à s'engager pour la communauté. La société a besoin d'être encouragée à s'engager dans toutes sortes d'initiatives.

... les médias

Le paysage médiatique est aussi diversifié que les personnes, les communautés et les sociétés.

Radio/télévision, services d'information rapide, presse écrite, les plates-formes de stockage de contenu utilisent des méthodes différentes d'approches et des technologies différentes, mais tous organisent l'échange d'informations entre les personnes.

Les différences concernent le positionnement dans la société.

Les médias peuvent être partisans ou neutres et refléter plus ou moins bien la réalité.

Chaque jour, les responsables des contenus se posent la question suivante : "Qu'est-ce qui pourrait intéresser les gens, qu'est-ce qui est important ? Que faudrait-il produire et comment le publier ? "

Le concept global »Humanité 10.0« pourrait être un immense paquet de thèmes qui concernent tous les hommes, dans des formats différents sur une période non limitée. La mise en commun de la diversité des faits devrait être tout aussi passionnante que les discussions sur les questions suivantes: Quelles sont nos priorités en tant qu'êtres humains et pour quoi il y aura finalement des »Points Humanité«.

Pourquoi les médias eux-mêmes ne pourraient-ils pas créer des tendances positives ?

Développer l'avenir ensemble et avec optimisme serait, n'est-ce pas, une bonne compensation à la xxx-ième message de catastrophe.

... tous

L'une des propositions de l'initiative »Humanité 10.0« est que les collectivités et les groupes d'organisations doivent lancer leurs propres initiatives pour développer l'avenir de l'humanité. Chacun peut ainsi, dans la mesure de ses possibilités et de ses idées, se développer dans ses propres domaines.

Par exemple, une initiative "L'art pour l'humanité" aurait des objectifs différents dans son programme que l'initiative "Science pour l'humanité", mais toutes deux suivent des visions et objectifs communs. C'est ainsi que les sociétés peuvent se développer efficacement en se répartissant les tâches.

Avec son système de valeurs et d'évaluation, »Humanité 10.0« veut créer un cadre dans lequel les initiatives individuelles et les actions positives de chaque personne, de groupes de personnes et des organisations sont encore plus visibles et compréhensibles.

Autocorrection de «Humanité 10.0»

Les organisations rencontrent souvent des problèmes tels que :

- Les objectifs ne sont plus poursuivis de manière conséquente,
- L'organisation se préoccupe d'elle-même,
- Les adaptations nécessaires aux nouvelles circonstances ne sont pas réalisées.

Pour prévenir ces problèmes, »Humanité 10.0« met en place un mécanisme spécifique.
»Humanité 10.0« s'auto-évalue régulièrement le système de valeurs/d'évaluation.

En d'autres termes, la question suivante est posée :
»Humanité 10.0« est-elle positive ou négative pour :

- Les hommes,
- Leur milieu,
- Leur communauté,
- L'environnement global,
- Toute l'humanité

Ce contrôle se fait de manière transparente.
Les potentiels d'amélioration sont ainsi identifiés et des mesures appropriées peuvent être prises.

Autre avantages

»Humanité 10.0« et la démocratie

Pour chaque vision, pour chaque objectif, il faut de l'optimisme. »Humanité 10.0« est une idée avec un plan pour l'avenir de l'humanité.

Même si »Humanité 10.0« ne trouve pas immédiatement un terrain fertile, elle existera toujours, ou quelque chose de similaire devra exister à moyen et long terme, sinon nous, les humains, n'existerons plus très longtemps.

»Humanité 10.0« veut donner de l'espoir.
Mais »Humanité 10.0« n'est en aucun cas populiste.
Il présente de nombreux avantages liés à l'utilisation de »Humanité 10.0«, mais »Humanité 10.0« exige beaucoup de nous. Nous devons réfléchir, changer de mentalité, nous changer. Chacun doit assumer davantage de responsabilités pour lui-même et pour la communauté.

»Humanité 10.0« veut faire évoluer la démocratie, car la démocratie n'a pas d'alternative. Pourquoi ?
Nous, les humains, aspirons toujours à la liberté et à l'autodétermination. Nous pouvons les réaliser dans des sociétés démocratiques. Dans les démocraties, on tolère même certaines formes de dictature sont tolérées.
Une dictature, en revanche, ne manquera pas de s'opposer aux évolutions démocratiques par peur de perdre son pouvoir. Malgré tout, aucune dictature est restée longtemps au pouvoir.

Nous devons tous faire évoluer nos démocraties, aujourd'hui plus que jamais !

Créer plus de "valeurs"

L'argent et les valeurs matérielles sont inégalement répartis. Celui qui a de l'argent ne veut pas nécessairement le partager avec quelqu'un. Dans une certaine mesure, il existe une volonté d'être utile à la communauté.

Ceux qui ont peu d'argent ont besoin ou envie de plus. Se procurer de l'argent de manière illégale n'est pas dans l'intérêt de la société.

Avec les »Points Humanité« de »Humanité 10.0«, les valeurs importantes pour nous, les êtres humains, joueraient un rôle plus important. Celles-ci n'auraient tout d'abord aucun lien avec l'argent ou des valeurs matérielles. Elles s'orientent exclusivement sur les faits et à leur importance pour nous, les humains.

En principe, nous connaissons les valeurs importantes pour nous. Mais dans de nombreuses sociétés, elles n'ont pas encore de signification appropriée.

Avec l'»Humanité 10.0« quelqu'un qui n'a pas beaucoup d'argent pourrait acquérir des "valeurs" et de la satisfaction, sans avoir à donner à quelqu'un d'autre.

Les idées pour l'utilisation de l'»Humanité 10.0« et le type d'usage des »Points Humanité« n'ont pas de limites. Quelques idées sont décrites dans ce livre.

La bonne mesure

Il arrive que les gens soient trop gourmands.

Dans la plupart des cas, cela a des conséquences négatives. Cela ne fait pas de différence dans quelle direction l'avidité, un désir trop prononcé se dirige. Il est donc clairement mauvais, d'être trop gourmand en matière de consommation et de consommer toujours plus. Une limitation excessive de la consommation, en particulier des interdictions peuvent toutefois être contre-productives.

Prenons un exemple dans le domaine de la protection de l'environnement.

Les voyages en avion et les croisières ont un mauvais bilan environnemental. Mais les interdire ne serait probablement pas accepté par la société. Est-ce dû au manque de discernement des gens ?

C'est surtout parce que le passage de l'état actuel à l'état futur, au renoncement total est trop important et n'est pas facile pour beaucoup de gens. Tout le monde sait en outre très bien à quel point il est difficile de changer.

Des approches intelligentes sont nécessaires.

Que se passerait-il si tous ceux, qui ont atteint un certain niveau de protection de l'environnement, 50 tonnes d'économies de CO_2, par exemple, recevraient, en contrepartie, 10 tonnes de CO_2 en tant que "service exclusif" de la société., afin de voyager en avion ou en croisière. La société peut-elle en bénéficier ?

Traduit dans l'approche de l'»Humanité 10.0«, cela signifie que chacun peut recevoir quelque chose en retour des prestations qu'il a fournies. Toute personne totalement convaincue par la protection de l'environnement ne doit néanmoins pas faire un voyage en avion ni une croisière. Mais il peut avoir d'autres souhaits et pourrait y consacrer ses »Points Humanité«.

Nous obtiendrons le meilleur effet en incitant un grand nombre de personnes à participer. Les "exploits" individuels seront difficiles à réaliser pour beaucoup. Néanmoins, les "exploits" sont extrêmement importants en tant qu'exemples. D'attendre des "héros" engagés qu'ils soient parfaits et qu'ils fassent tout comme il faut n'est pas approprié. Il est déjà difficile de croire en permanence à des changements positifs et d'être actif dans ce sens.

Renforcer les normes sociales

Dans toutes les sociétés, il est nécessaire d'encourager la performance et d'encourager la volonté de travailler pour le bien de tous. Malheureusement, ce principe de performance ne fonctionne pas toujours. Il arrive que l'on récompense l'absence de performance ou la mauvaise performance. C'est un signal négatif pour toutes les personnes et diminue la volonté de performance.

Ces récompenses injustes ont d'ailleurs lieu dans toutes les couches de la société.

Mais les situations dans lesquelles les limites morales sont délibérément dépassées pour en tirer des avantages personnels sont bien plus dramatiques. Bien que ces situations soient parfaitement claires pour tout le monde, aucune sanction ne peut être appliquée, étant donné qu'il y a par exemple des lacunes dans la loi où les dommages (souvent émotionnels) sont sous-estimés. De tels exemples sont une gifle pour toutes les personnes vertueuses.

De plus, dans de telles situations, les gens s'attendent à des sanctions claires et importantes et sont déçus. Cela a des conséquences négatives à long terme sur le développement de la société.

Dans le cadre de l'évaluation avec le système de valeurs/d'évaluation de l'»Humanité 10.0«, les valeurs peuvent être reclassées par les humains, par exemple comme particulièrement importantes. Comme il existe pour les faits correspondant à ces valeurs beaucoup de »Points Humanité«, les valeurs sont continuellement promues. Rien ne s'oppose à l'introduction de sanctions, par exemple le retrait des »Points Humanité« acquis, si des valeurs importantes sont violées ou de graves des dommages sont causés. Cela permettrait d'établir de nouveaux critères d'évaluation. Il serait même possible de combler les lacunes des systèmes juridiques.

Plus de liberté grâce à la transparence

»Humanité 10.0« doit stimuler une réflexion innovante sur les faits existants.

Actuellement, certains craignent que la transparence ne restreigne la liberté. Si l'on examine le contexte, on constate que les craintes proviennent avant tout du fait que la transparence est ou pourrait être utilisée à mauvais escient.

Les systèmes juridiques existants s'adaptent en particulier aux développements technologiques et les abus qui en découlent le plus souvent, bien trop tard. C'est par exemple le cas pour l'heure actuelle, l'utilisation des données personnelles ou la diffusion de contre-vérités sur Internet. L'utilisation des technologies à mauvais escient se fait plus rapidement, que la réflexion aux conséquences négatives ne se fassent.

Avec le système de valeurs et d'évaluation de l'»Humanité 10.0«, les abus potentiels seraient plus rapidement transparents.

Chaque fois qu'une technologie est évaluée, les effets négatifs pour l'homme et l'environnement sont pris en compte. Cela permettrait de modifier immédiatement la législation ou, si nécessaire, de sanctionner.

Si tout le monde est vraiment transparent sur les règles existantes et sur quelles sanctions peuvent être appliquées, cela permettrait de dissuader certains d'enfreindre les règles.
En tant qu'êtres humains, nous "avons besoin" de nous défouler de temps en temps, nous voulons parfois être déraisonnables. Si l'on appliquait les critères de l´»Humanité 10.0«, rien ne s´opposerait de créer de nouveaux espaces de liberté pour une plus grande clarté.

Autoriser la conduite "trop rapide" sur des circuits autorisés.
Nous en avons déjà eu un exemple. Il serait clair pour tous qu'on peut subir des dommages même sans faute de sa propre part.
Celui qui veut rouler sur un circuit doit s'assurer de manière à ce que la collectivité ne doive pas être mise à contribution pour d'éventuels dommages.
Comme il y a un espace libre supplémentaire, on aurait une bonne raison de sanctionner la conduite excessive sur la voie publique. C'est simple, non ?

CO_2

Dans le cadre de »Humanité 10.0«, la protection de l'environnement est prise en compte comme critère d'évaluation pour chaque fait. Grâce à cet ancrage conséquent, il y a de bonnes chances de pouvoir mieux imposer la protection de l'environnement.

En principe, il serait juste que chaque personne puisse émettre la même quantité de CO2 ou d'autres "pollutions" et reçoive en contrepartie un "certificats de pollution" pour un an, par exemple.
Une telle approche susciterait de nombreuses opinions et de nombreuses raisons de s'opposer à sa faisabilité.
Il existe cependant déjà quelques approches, même si elles sont encore timides, qui vont dans la bonne direction.
Avec l'émission de "certificats de production de CO2" et leur utilisation, des organisations ont fait les premiers pas.

Le point faible est que l'argent joue un rôle décisif. En d'autres termes, celui qui a de l'argent ou dont l'activité commerciale génère suffisamment d'argent, peut polluer sans grandes conséquences. Même un prix élevé pour les "certificats de production de CO_2" ne changerait pas cet état de fait. Dans de nombreux cas, les coûts sont répercutés sur nous, les humains. On nous fait croire que c'est l'émission des "certificats de production de CO_2" qui en est responsable.

La politique actuelle de "l'argent bon marché (presque pas d'intérêts sur les crédits)", sont des crédits de bon marché pour garantir les affaires. N'est-ce pas ainsi que les "certificats de production de CO_2", et donc la pollution, sont financés à moindre coût ?

L'optimisation d'un point central, comme la réduction de la production de CO_2 entraîne souvent de nouveaux défis à d'autres endroits. C'est pourquoi une stratégie globale comme "Humanité 10.0" serait si importante !

Continuer comme ça ?

Revenons au début du livre sur le sondage dans le chapitre "Réveillez-vous ! "

En effet, les nombreux défis, parfois confus, ne laissent pas un bon sentiment pour l'avenir.

Nous devons relever les défis ensemble.

Peut-être même que les enfants deviendront des modèles pour leurs parents.

Mais nous avons besoin de tous, jeunes - vieux, pauvres - riches, ...

Les changements nécessaires ne pourront guère être maîtrisés sans idées nouvelles.

Comme pour de bonnes idées, de bons conseils sont aussi nécessaires, tout le monde devrait vraiment y participer.

Avec l'»Humanité 10.0« et ses avantages, il y a une idée, un concept, un plan sur la table à discuter et à améliorer.

Partie 6 : En conclusion

Résumé

L'humanité est confrontée à de très nombreux défis.

Même si certains le nient encore, la réalité révèle peu à peu chaque défi. Pour de nombreuses personnes, il semble impossible de relever ces défis.

»Humanité 10.0« s'attaque précisément à ce problème.

La complexité de notre monde est déjà en partie ingérable et cela pourrait encore s'accroitre. Les défis concernent tout le monde et touchent tous les domaines de la vie.

Il existe de nombreuses bonnes initiatives isolées qui, malheureusement, ne s'assemblent pas en un tout.

Nous, les humains, ne sommes pas parfaits, mais nous avons survécu jusqu'à présent grâce à notre capacité d'adaptation.

»Humanité 10.0« mise sur des approches simples et des mécanismes connus pour atteindre tous les êtres humains.

Les objectifs de »Humanité 10.0« sont :

- Assurer la survie de nous autres humains,
- Faire évoluer la ou les sociétés,
- Augmenter la satisfaction de tous les êtres humains.

Comme on peut le voir dans les objectifs, il s'agit d'une approche intégrée pour l'avenir. Les différences actuelles et parfois exagérées entre nous, les humains, doivent perdre de leur importance.
Tous les êtres humains forment une communauté - c'est la clé pour relever les défis.

Nous, les êtres humains, avons besoin d'espoir et de motivation pour l'avenir, par exemple sous la forme de visions. Les visions et les objectifs d'»Humanité 10.0« doivent s'adresser à tous les êtres humains et les encourager.

La mise en œuvre des objectifs est facilitée si les conditions suivantes sont réunies.

- La réalité n'est pas remise en question,
- L'avenir est davantage mis en avant,
- Le passé sert "seulement" à donner de l'expérience,
- L'importance de la communauté croit,
- Nous, les humains, utilisons la "réflexion à l'état primitif".

Un effet rassembleur, c'est ce que »Humanité 10.0« veut obtenir grâce à une base commune simple. Cette base est le système de valeurs/d'évaluation de »Humanité 10.0«. Il définit, les priorités valables pour tous les objectifs et applicables à tous les faits, tendances et idées.
L'évaluation/la notation se fait au moyen de 5 questions simples.
La fait, la tendance est-elle bonne ou mauvaise pour :

- **Toute l'humanité** ?
- Ma / notre **communauté** ?
- **L'homme** (toi / moi) ?
- Mon / notre **milieu** ?
- **L'environnement** global ?

Après les premières évaluations qualitatives à l'aide du système de valeurs/d'évaluations de nouvelles connaissances apparaissent déjà. Celles-ci peuvent influencer directement les priorités de notre action.

Pour l'évaluation des faits et des tendances, il est également important de savoir si ceux-ci sont bons ou mauvais dans le détail. Es évaluations quantitatives permettent une transparences et comparaison. Les résultats sont des faits et des tendances évalués objectivement. Ces évaluations, qui reflètent la réalité, permettent de d'optimiser davantage les priorités.

Après avoir harmonisé les évaluations, les faits et les tendances, on obtient les »Points Humanité«.
Ceux-ci ont une valeur immédiate en raison des aspects positifs

qu'ils apportent à l'humanité, la communauté, les hommes, le milieu et l'environnement.

Les faits et les tendances sont souvent associés à des personnes et des organisations. Grâce au lien des »Points Humanité« avec les personnes et les organisations, il en résulte d'autres avantages. Les personnes et les organisations peuvent être orientées et motivés vers les priorités importantes pour nous, humains.

Comme les »Points Humanité« ont une valeur, ils peuvent servir comme une sorte de "monnaie" alternative.

Toutefois, il faut pour cela que des "possibilités d'échange" doivent être mises en place. Les »Points Humanité« pourraient être échangés contre ... - il n'y a pas de limites aux idées.

On sait maintenant clairement ce qui doit naître de l'»Humanité 10.0« .

Comment cela peut-il être mis en œuvre ?

Voici quelques clés de la réussite :

- Un concept convaincant,
- »Humanité 10.0« se développe parallèlement à le milieu actuel et d'autres idées,
- Ce qui est simple et connu est utilisé,
- Une large participation de tous est possible,
- »Humanité 10.0« est ouverte et flexible,
- La recherche de solutions se fait en fonction des faits,
- »Humanité 10.0« peut être utilisée au niveau global et local.

Voici quelques exemples d'utilisation de choses simples et connues : la proximité des systèmes de points et de la monnaie, l'utilisation d'outils et d'aides existants, les caractéristiques de nous autres humains sont prises en compte de manière objective.

Pour »Humanité 10.0«, une nouvelle plateforme sera mise en place, qui utilise les technologies connues.

L'idée doit être introduite dans l'esprit de tous par le biais de suggestions et une "marque" doit permettre de reconnaître l´»Humanité 10.0«.

L'historique et les sensibilités individuelles empêchent souvent de trouver des solutions et ne jouent dans »Humanité 10.0« qu'un rôle secondaire. Toutes personnes et les organisations nécessaires à la solution ne sont pas menacées par »Humanité 10.0« mais sont impliquées de manière neutre, objective et orientée vers la solution.

Tous doivent participer au développement et à la mise en œuvre de »Humanité 10.0«.

Les motivations nécessaires au changement naissent par la présentation transparente de ce qui est important pour nous, les humains. Pour la mise en œuvre, les structures sociales existantes sont utilisées.

»Humanité 10.0« mise sur nous, les hommes.

Il y aura des changements. Chaque être humain sera concerné, aucun pays ne sera épargné. Les défis à venir ne peuvent être surmontés qu'ensemble.

Nous n'avons plus le temps de laisser chacun poursuivre ses propres objectifs !

»Humanité 10.0« souhaite une évolution à l'aide de changements réfléchis et durables.

En n'entamant pas immédiatement ces changements nécessaires, des temps très troublés ou une disparition certaine nous attendent.

Cher lecteur

Oui - »Humanité 10.0« est utopique.

Aussi utopique - que le fait que des hommes soient allés dans l'espace, des millions de livres soient stockés sur une petite puce ou que les voitures roulent seules et que les robots agissent de manière autonome.

»Humanité 10.0« n'est pas un concept nouveau - c'est possible.
Où et quand avez-vous trouvé quelque chose de similaire ?
Tout indice est le bienvenu et il est important que tous ceux qui pensent de la même manière se retrouvent.
Envoyez vos remarques à *info@humanite10.org*.

»Humanité 10.0« n'est pas (actuellement) réalisable - ???.
Il en a toujours été ainsi : ce que les hommes ont créé, a été modifié par les hommes.
La plupart des adaptations, considérées à l'avance, étaient souvent des réactions inimaginables à des changements qui se sont produits tôt ou tard inéluctablement.

L'»Humanité 10.0« n'est pas encore arrivée à maturité - c'est ainsi.
Tout doit évoluer, les fruits doivent mûrir avant d'être consommés avant d´être mangés avec appétit.
Mais toute évolution / toute maturation nécessite un début.

...

Il s'agit du premier livre, certainement pas parfait, d'une personne tout à fait normale.
Malgré toutes les critiques possibles, une chose devrait rester.

Il y a encore quelqu'un qui s'engage pour vous.
N'est-ce pas ce que vous voulez toujours ?

À bientôt

Ceux qui ont lu attentivement le livre peuvent imaginer ce qui va se passer avec »Humanité 10.0«.

La prochaine étape consistera à s'adresser de manière ciblée aux personnes aux organisations à s'engager pour l'avenir de l'humanité.
Engager le dialogue est une étape très importante.
On peut être curieux de voir les réactions respectives.

Ceux qui ne savent pas ce qu'ils peuvent faire pour l'»Humanité 10.0« peuvent consultez le site *www.humanite10.org* ou nous contacter à l'adresse *info@humanite10.org*.

Pour »Humanité 10.0«, nous avons besoin de beaucoup de soutiens et de collaborateurs actifs.

Mettons-nous au travail !

Nous vous attendons avec impatience.

Annexe

Annexe 1
Détails du système de valeurs/d'évaluation

Dans le chapitre "Le système de valeurs/d'évaluation" de la partie 2, nous avons expliqué la démarche de base. Relire cette partie, pourrait être utile pour la compréhension des explications suivantes.

L'annexe présente une proposition de construction d'un système flexible de système de valeurs/d'évaluation flexible pour les faits / tendances. Les premiers facteurs de pondération des différentes évaluations et les aspects importants pour leur choix sont présentés. Plus le système d'évaluation doit être appliqué de manière globale, plus il faudra procéder à des itérations pour ajuster les facteurs.
A la fin des évaluations détaillées, des »Points Humanité« sont attribués à chaque point par fait / tendance.

Une quantification exacte est indispensable pour la création de »Points Humanité«. De nombreux aspects et facteurs d'influence doivent être pris en compte lors de cette quantification. Par conséquent, c'est pourquoi les scientifiques, les politiques, les cadres, les ouvriers et employés : en bref, tout le monde est appelé à collaborer.

Les explications données dans cette section ne sont pas encore très exhaustives. Elles ont pour but de montrer la direction à suivre et de présenter les premières idées de quantification.

Les étapes d'évaluation, les évaluations et les facteurs d'évaluation suivants sont expliquées plus en détail dans les sections suivantes :

1. Évaluation du fait ;
   $\Rightarrow$ Points par état de fait et priorité,
2. Importance des faits par priorité :
   $\Rightarrow$ Facteur par fait et priorité,
3. Estimation de la tendance pour le fait :
   $\Rightarrow$ Points par fait et priorité,

4. Importance de la tendance pour le fait :
   ⇒ Facteur par fait et centre de gravité,
5. Importance des priorités :
   ⇒ Facteurs pour les points forts,
6. Points d'évaluation par fait :
   ⇒ Points obtenus pour le fait,
7. Ajustement des points d'évaluation :
   ⇒ Facteurs supplémentaires pour les échelles.

Pour 1.) Évaluation du fait

Cette 1ère étape est relativement simple.

Il convient de définir des fourchettes et des étapes d'évaluation. Elles doivent être appropriées pour permettre une bonne évaluation de l´état pour le fait considéré.

Un exemple serait les notes scolaires avec une fourchette d'évaluation de la note 0 à 20 et l'échelon est un.

Pour certaines priorités, il n'est peut-être pas possible d'évaluer de manière pertinente. Dans ce cas, une "évaluation neutre" est introduite et cette priorité d'évaluation n'est pas prise en compte.

Il en résulte un système d'évaluation avec des paliers aussi bien dans le sens positif et négatif.

L'image ci-dessous illustre une "évaluation neutre".

Le fait évalué n'a aucun lien avec la priorité "environnement global".

Pour toutes les autres priorités, les évaluations sont effectuées dans la fourchette de résolution des niveaux, soit 3 niveaux dans le sens positif et 3 niveaux dans le sens négatif.

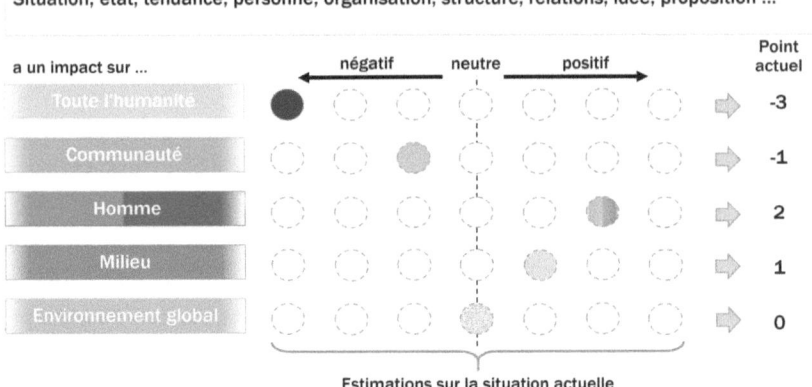

Figure 13 : Evaluation de l'état actuel des faits

Cette évaluation actuelle des faits est une première étape, mais elle ne dit rien sur leur importance.

Pour 2.) Importance des faits par priorité

Dans de nombreux cas, un état de fait est commun aux cinq centres de gravité, "humanité dans son ensemble", "communauté", "homme", "milieu", "environnement global".
Indépendamment des évaluations effectuées à l'étape 1, l'étape 2 permet de déterminer l'importance des faits.
Plus l'importance est grande, plus le facteur d'évaluation est important.

Dans notre exemple, voir l'image : "Importance des faits par axe" cinq niveaux d'évaluation ont été introduits avec un échelon de l'ordre de 1. Il en résulte donc des facteurs d'évaluation (pondération de la chose) de 1 à 5.
L'importance du priorité "toute l'humanité" est la plus importante dans cet exemple.

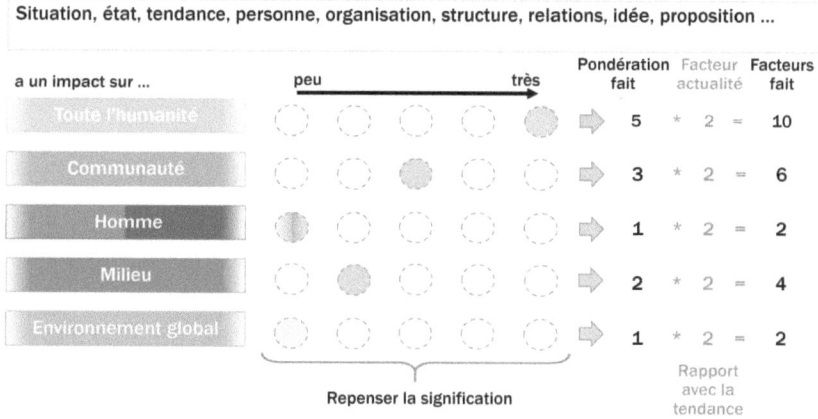

Figure 14 : Importance des faits par axe

Un autre facteur (facteur actuel) est représenté sur l'image. Celui-ci peut être introduit pour déterminer quelles évaluations doivent avoir le plus d'importance : celles relatives à la situation actuelle ou à l'avenir.

Il existe donc un autre facteur (facteur tendance). Celui-ci est pris en compte lors de l'évaluation de l'importance de la tendance par rapport au fait de l'étape 4.

Dans notre exemple, les évaluations de la situation actuelle sont deux fois plus importantes que celles pour les tendances, donc le "facteur actualité" = 2 et le "facteur tendance" = 1.

Les facteurs pour l'importance du fait par priorités résultent de :

Facteurs fait = Pondération fait * Facteur actualité

Une fois l'importance clarifiée, l'évaluation quantitative de la situation actuelle peut être effectuée.

Pour l'évaluation de l'état de fait pour chacun des points forts,
on obtient :

*Points actuels (étape 1.) * facteurs fait (étape 2.)*

  = points actuels par priorité.

Somme des points actuels par priorité

  = points pour l'état actuel des faits.

Pour 3.) Estimation de la tendance pour le fait

Pour de nombreux sujets, des évolutions futures peuvent être esti-
mées. Ces tendances peuvent être plus importantes que les évaluations actuelles du fait.

Il convient tout d'abord de définir les périodes pour lesquelles une
estimation de l'évolution du fait doit être effectuée.

Dans notre exemple, des prévisions à moyen terme (par exemple
après 5 ans) et à long terme (par exemple après 10 ans) sur
l'évolution du fait sont prévues.

Dans la mesure du possible, une évaluation est effectuée pour
les deux périodes.

S'il n'est pas possible de faire des prévisions, on procède à une
"évaluation neutre". Les évaluations sont mises à zéro. Il n'y a pas
de points qui seront pris en compte dans l'évaluation globale.

Dans l'image suivante : "Évaluer les tendances" est le cas pour
l'évaluation du fait en rapport avec l'axe "homme". L'évaluation
au moment "temps2 (long terme)" est une "évaluation neutre".
En outre, il est évident que la fait n'a pas d'importance pour
l'environnement dans son ensemble à l'avenir.
Il existe des "évaluations neutres" pour le temps1 et le temps2.

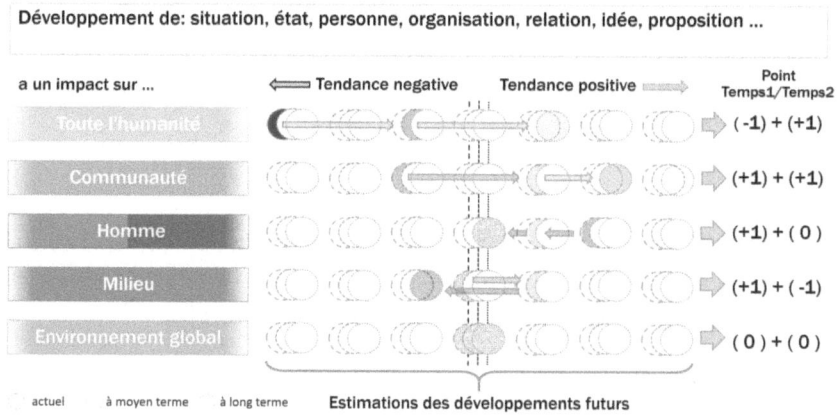

Figure 14 : Estimer les tendances

Les moments de l'évaluation, temps1 et temps2, doivent être choisis de manière à ce que des développements peuvent effectivement avoir lieu.

Il serait judicieux de procéder à une actualisation de l'ensemble de l'évaluation au plus tard lorsque le temps1 est atteint. Ainsi cela permet de contrôler les progrès et de déclencher une réévaluation. Il en résulte un système d'évaluation dynamique avec une réévaluation tous les x années. Lors de la réévaluation après x années, les critères d'évaluation peuvent également être adaptés. De cette manière, des améliorations des évaluations sont réalisées de manière continue.

Pour 4.) Importance de la tendance pour le fait

Les tendances peuvent être plus importantes que l'évaluation actuelle des faits. Cela se ferait, comme déjà mentionné à l'étape 2, par le biais du rapport entre le "facteur actuel" et le "facteur tendance".

La procédure de réglage de l'importance des tendances par priorité ne diffère pas de celle décrite à l'étape 2. Dans l'exemple présenté à l'étape 2 le "facteur actuel" = 2 et le "facteur tendance" = 1, donc l'accent est mis sur la situation actuelle. L'évaluation de la situation actuelle est plus importante. Si les tendances doivent être évaluées plus haut que la situation actuelle, le "facteur tendance" doit être > "facteur actuel".

S'il est utile d'évaluer l'estimation à moyen terme différemment, que celui à long terme, il serait possible de travailler avec deux facteurs différents au lieu d'un "facteur tendance".
Pour le Temps1 (moyen terme), le facteur Tendance1 serait utilisé et pour la période Temps2 (long terme) le facteur Tendance2.

En principe, il serait même possible de varier encore une fois l'importance des moments (actuel, moyen terme, long terme) pour chaque axe. Mais cela rend l'évaluation plus compliquée et le choix des facteurs doit toujours être justifié par des raisons compréhensibles.

Après l'évaluation des tendances, il existe trois évaluations distinctes avec des significations différentes : une évaluation actuelle, une pour le temps1 et une pour le temps2.
Avec la mise en commun des résultats, l'évaluation serait terminée.

Dans les étapes suivantes, d'autres facteurs sont proposés.

Pour 5) Importance des priorités

Jusqu'à présent, l'importance des priorités pour les évaluations actuelles des faits et de leurs tendances décrites ont été évalués que par les facteurs.
Il s'agit en quelque sorte de l'état de base.

Il peut toutefois y avoir des situations particulières, par exemple des catastrophes peuvent survenir. Ces situations particulières exigent des mesures spécifiques et une modification des priorités.
Par exemple, lors de la pandémie de Corona, la communauté et l'humanité entière ont acquis une plus grande importance par rapport au bien-être de l'individu (homme).
Dans ces situations particulières, il serait judicieux que le système de valeurs/d'évaluation continue à être utilisé et que les faits ne doivent pas être réévalués de manière fondamentale.

Un facteur supplémentaire est donc proposé pour le système de valeurs/d'évaluation, qui permet cette réévaluation des priorités. Les priorités n'ont plus le facteur de base 1, mais reçoivent un facteur adapté à la situation.

Ainsi, les évaluations en vigueur jusqu'à présent peuvent être utilisées dans des situations particulières, tout en étant adaptées à la situation.

Ces facteurs situationnels pour l'évaluation des priorités pourraient en outre être utilisés pour varier les modèles de société. Une société avec un fort degré d'individualisation pourrait donc augmenter l'importance de l'accent sur l'individu en lui-même. Les sociétés orientées vers le bien commun mettraient l'accent sur la "communauté" et l'´"humanité dans son ensemble".

L'importance fondamentale des faits reste la même et les évaluations objectives restent valables.

Les facteurs liés à la situation peuvent être pris en compte aussi bien pour l'évaluation de la situation actuelle que pour les tendances à moyen et à long terme.

Pour 6.) Points d'évaluation par fait

Après avoir effectué les différentes évaluations, on obtient des points d'évaluation pour l'état de fait.

L'évaluation de base de l'état de fait se compose en éléments suivants :

Les évaluations actuelles des faits par axe résultent de :

Évaluations de l'état actuel des faits (points)

multipliées par

le facteur d'importance de l'état de fait par priorité

multiplié par

le facteur pour la différence d'évaluation "actuel/tendance".

<u>Évaluations de la tendance à moyen terme</u> des faits résultent de :

Évaluations de la tendance à moyen terme des faits (points)

multipliées par

le facteur d'importance des faits par axe

multiplié par

le facteur pour différence d'évaluation "tendance/actuel".

<u>Évaluations de la tendance à long terme</u> des faits résultent de :

Évaluations de la tendance à long terme des faits (points)

multipliées par

le facteur Importance des faits par centre de gravité

multiplié par

le facteur pour la différence d'évaluation "tendance/actuel".

L'évaluation fondamentale des faits est ainsi terminée

Comme décrit au point 5 "Importance des faits", les points essentiels peuvent encore être pondérés différemment.

Étant donné qu'un grand nombre de faits différents sont évalués et, dans le même temps, qu'il est nécessaire d'assurer la cohérence entre les différents éléments, un autre facteur est introduit.

Pour 7.) Ajustement des points d'évaluation

Les faits évalués n'ont pas tous la même importance pour la société. Un »Point Humanité« doit cependant avoir une valeur universelle. C'est pourquoi une sorte de normalisation est nécessaire.

Dans le système de valeurs/d'évaluations, les différentes évaluations individuelles des faits vont être harmonisées entre eux par l'intermédiaire d'autres facteurs. Cela peut se faire de manière judicieuse qu'après avoir effectué un grand nombre d'évaluations individuelles.

Les adaptations doivent être réalisées par l'introduction de facteurs pour l'évaluation des faits par priorité.

L'illustration suivante "Évaluation quantitative" doit illustrer comment se compose le calcul des points d'évaluation en tenant compte des différents facteurs.

Situation, état, tendance, personne, organisation, structure, relations, idée, proposition ...

Évaluations détaillées	Valeur Actuelle * Facteur	Valeur des tendances * Facteur	Facteur de base ou Facteur spécial	Points Chose	Le cas échéant, mise à l'échelle
Toute l'humanité	(-3 * 10 = -30) +	(0 * 3 = 0) =	(-30 * 1 = -30) ⇨	-30	x * -30
Communauté	(-1 * 6 = - 6) +	(2 * 2 = 4) =	(-2 * 1 = -2) ⇨	-2	x * -2
Homme	(2 * 2 = 4) +	(1 * 1 = 1) =	(5 * 1 = 5) ⇨	5	x * 5
Milieu	(1 * 4 = 4) +	(0 * 4 = 0) =	(4 * 1 = 4) ⇨	4	x * 4
Environnement global	(0 * 2 = 0) +	(0 * 2 = 0) =	(0 * 1 = 0) ⇨	0	x * 0
				-23	xxx

Figure 15 : Évaluation quantitative

Dans l'image, un point décisif pour "l'ensemble de l'humanité" est le fait que les autres priorités ne peuvent pas compenser cette situation. La personne à qui ce fait est attribué reçoit des »Points Humanité« négatifs.

En conséquence, ce fait devrait être amélioré de manière significative dans le sens de l'"toute l'humanité".

D'autres facteurs sont possibles, par exemple pendant la période de transition, lorsqu'un nouvel élément est intégré dans le système de valeurs/d'évaluation.

Comme nous l'avons déjà mentionné, les explications données jusqu'à présent ne représentent qu'une première approche possible.

La formation des »Points Humanité« nécessitera des étapes d'itération.

Une liste de contrôle pour l'approche d'évaluation décrite est disponible sous forme électronique à l'adresse *www.humanite10.org* est disponible.

Liste des figures

Figure 1 : Sondage ARTE 2020 7

Figure 2 : Première page Internet de »Humanité 10.0« 20

Figure 3 : Déduction des priorités..61

Figure 4 : Représentation dynamique de la hiérarchie des besoins 69

Figure 5 : Appréciations sur la situation actuelle............................76

Figure 6 : Estimer les développements 77

Figure 7 : Évaluation du trading à haute fréquence Situation actuelle
....109

Figure 8 : Évaluation de l'idée de trading à haute fréquence.........110

Figure 9 : Bâtiment Humanité...146

Figure 10 : Proposition de structure Introduction 152

Figure 11 : Proposition Assurer le succès.......................................154

Figure 12 : Scénarios pour l'introduction dans le temps.................157

Figure 13 : Evaluation de l'état actuel des faits 188

Figure 14 : Importance des faits par axe...189

Figure 14 : Estimer les tendances 191

Figure 15 : Évaluation quantitative 195

Zeitfracht Medien GmbH
Ferdinand-Jühlke-Straße 7
99095 Erfurt, Deutschland
produktsicherheit@kolibri360.de